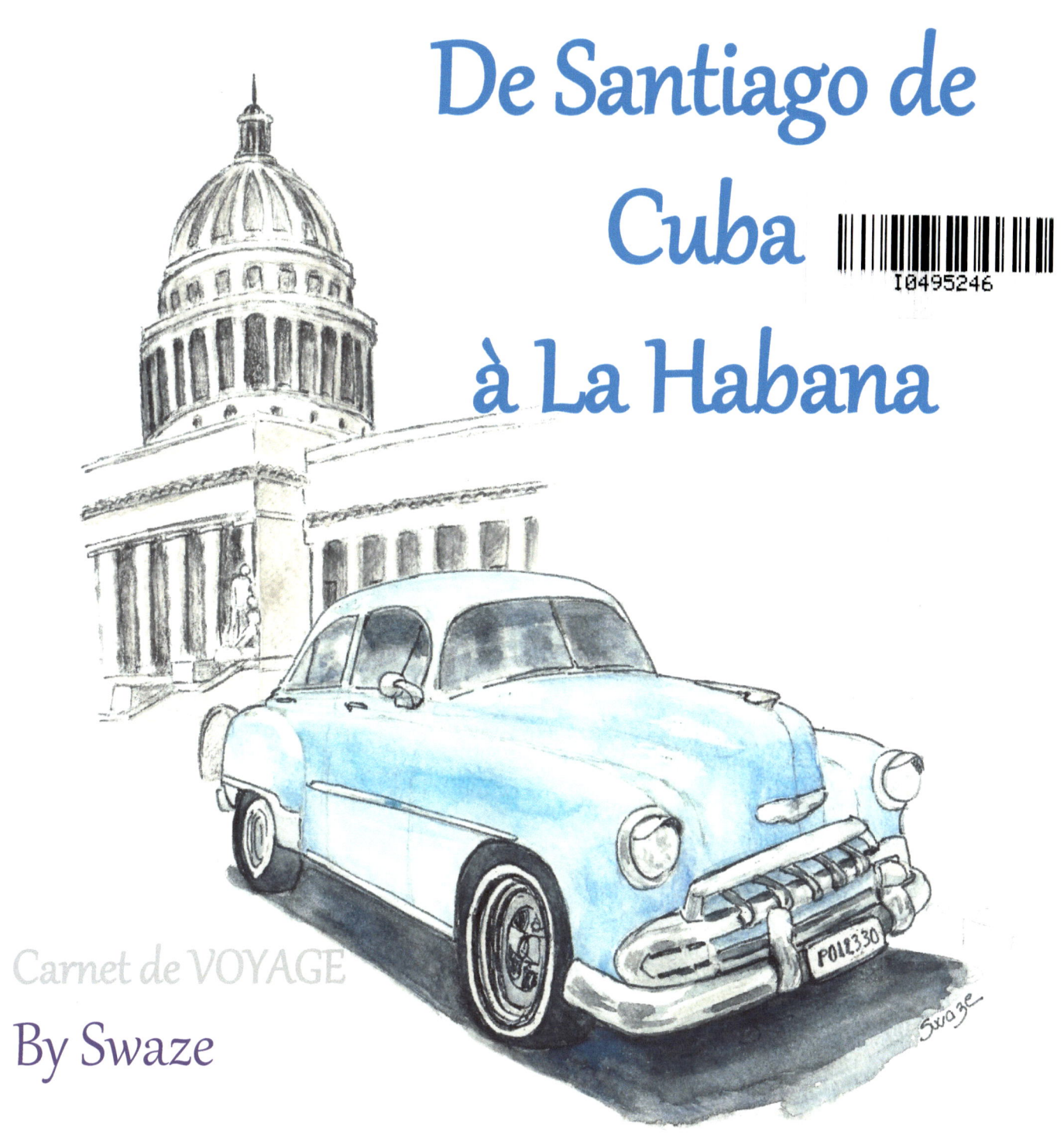

De Santiago de Cuba à La Habana

Carnet de VOYAGE

By Swaze

CUBA, une île, un pays dont le nom nous fait rêver !

On imagine le soleil ardent, la mer délicieusement chaude, la chaleur étouffante, les vieilles Cadillacs des années 50, les musiciens ambiançant la rue, les superbes danseurs de salsa, et aussi les grands verres de mojitos pour se rafraîchir !

Cuba, c'est tout ça, mais bien plus encore ! C'est la gentillesse des Cubains, leur sens de l'hospitalité et de l'entraide. Et puis, les coutumes ancestrales mélangeant rites africains et chrétien. C'est aussi un voyage dans le temps à travers l'architecture d'avant la Révolution. C'est un quotidien compliqué, où il n'est toujours pas facile de se procurer certains produits de base...

Je vous propose donc de découvrir ce pays à travers mes aquarelles.

Swaze

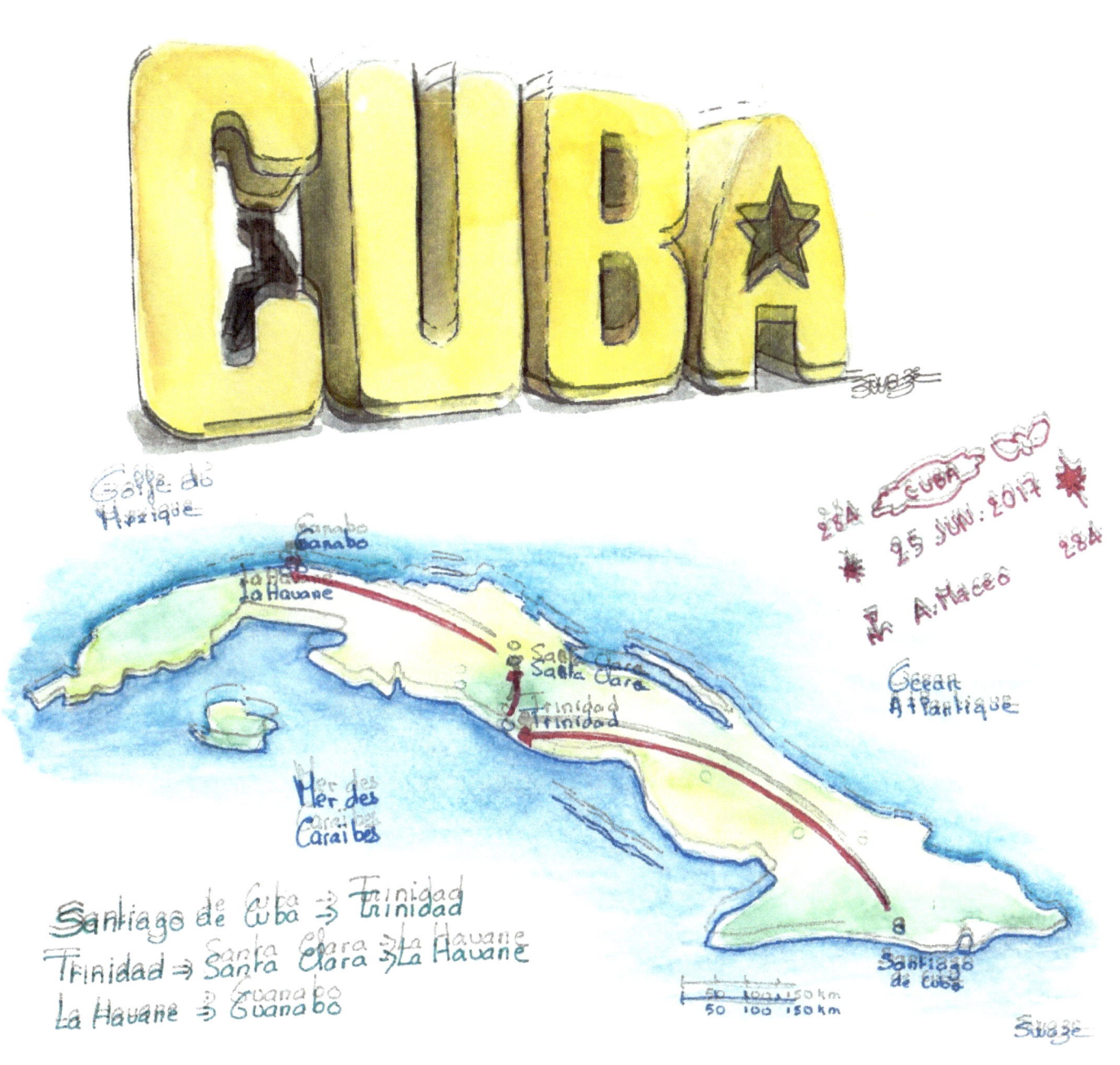

Santiago de Cuba

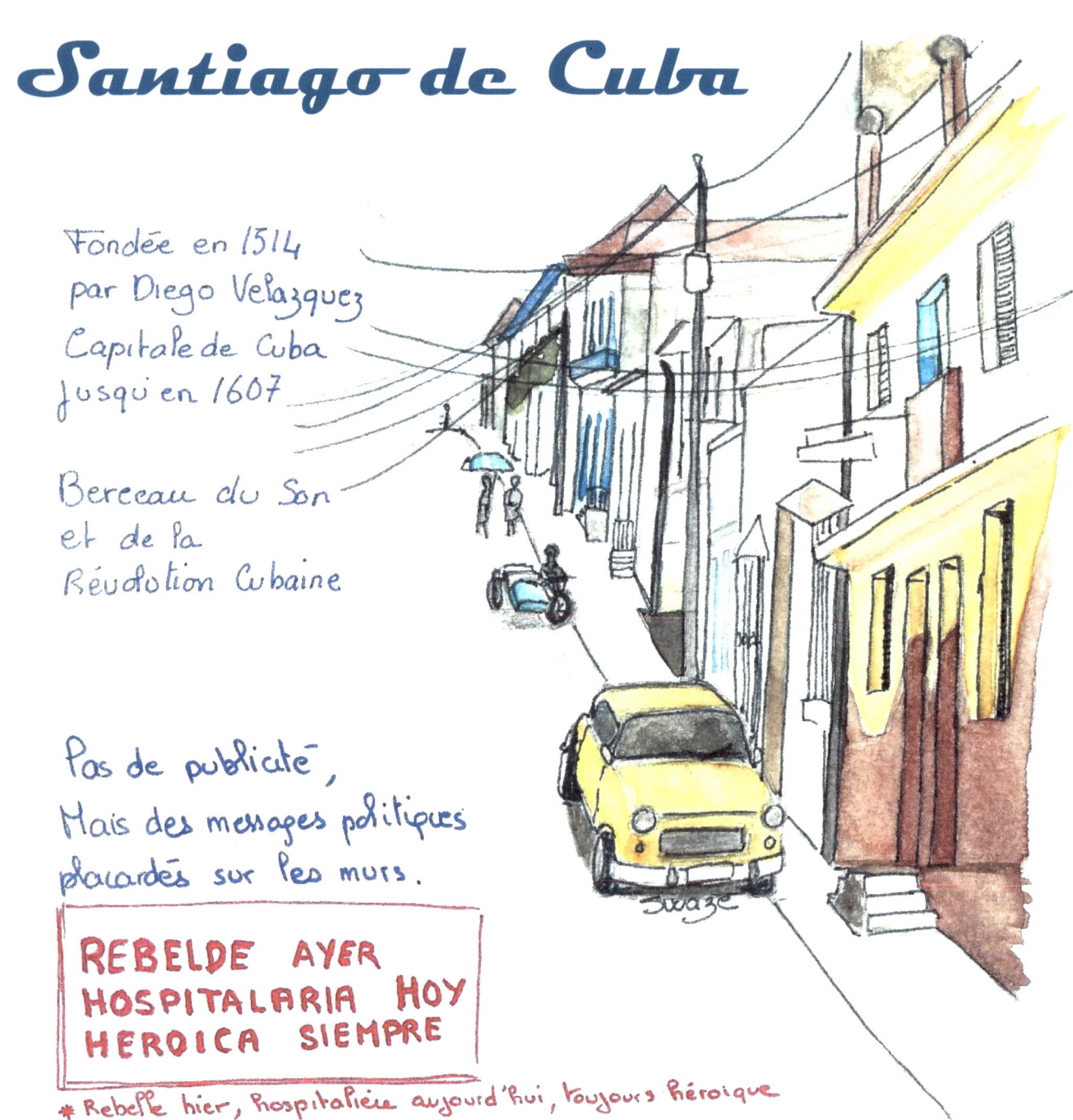

Fondée en 1514
par Diego Velazquez
Capitale de Cuba
jusqu'en 1607

Berceau du Son
et de la
Révolution Cubaine

Pas de publicité,
Mais des messages politiques
placardés sur les murs.

> REBELDE AYER
> HOSPITALARIA HOY
> HEROICA SIEMPRE

* Rebelle hier, Hospitalière aujourd'hui, toujours héroïque

Chevrolet Bel Air 1952

Patrimoine National Cubain - Les "Almendrones" ou "caros americanos" des années 50 sont souvent utilisées comme taxi collectif. Réparées avec des pièces de recup', elles seraient environ 60 000 à circuler dans l'île

☑ Se promener en vieille américaine

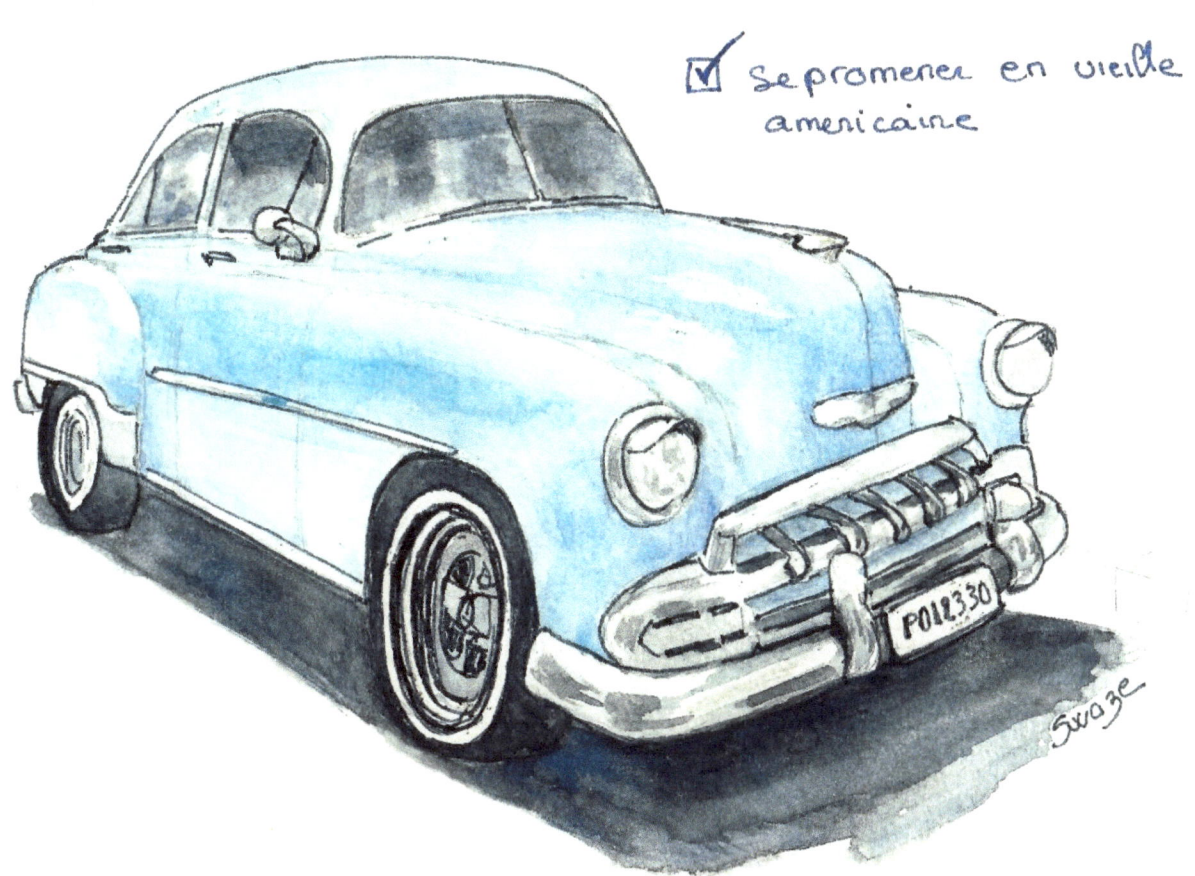

Santiago de Cuba

Catedral "Nuestra Señora de la Asunción"
1522 - reconstruite en 1932 après un tremblement de terre

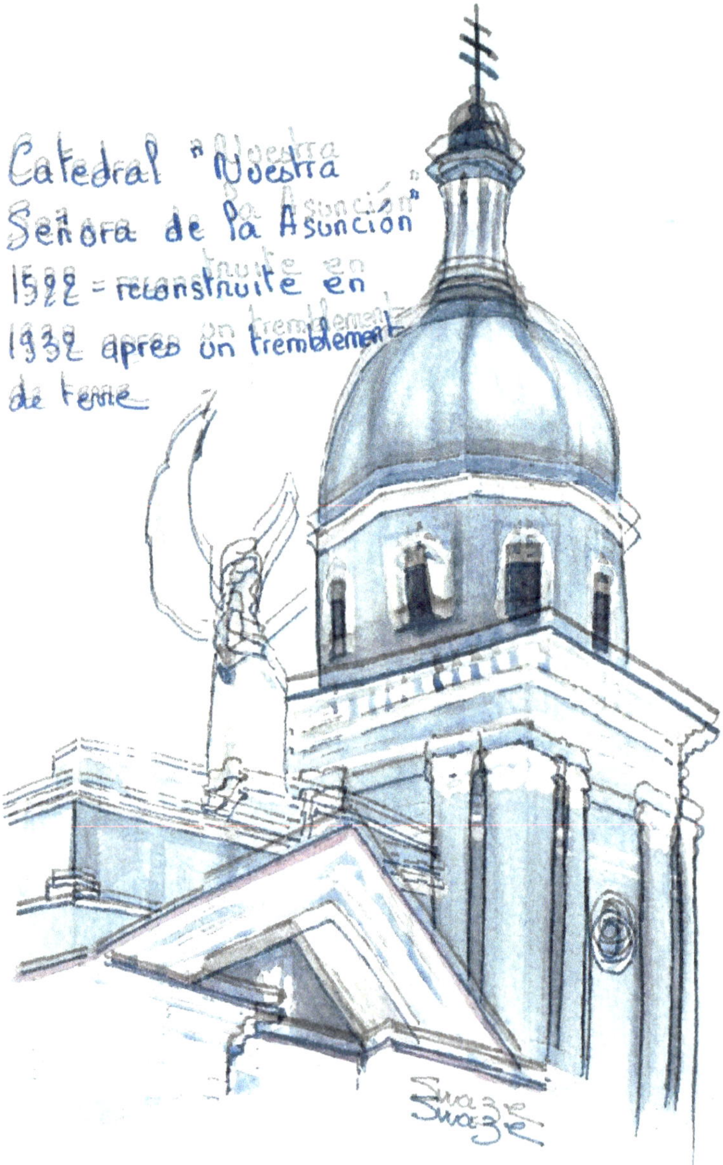

Daiquiri

4 cl de rhum blanc
2 cl de jus de citron vert
1 cl de sirop de canne à sucre

Placer l'ensemble des ingrédients dans un shaker
Ajouter de la glace
Agiter pendant 8 à 10 secondes
Filtrer et servir

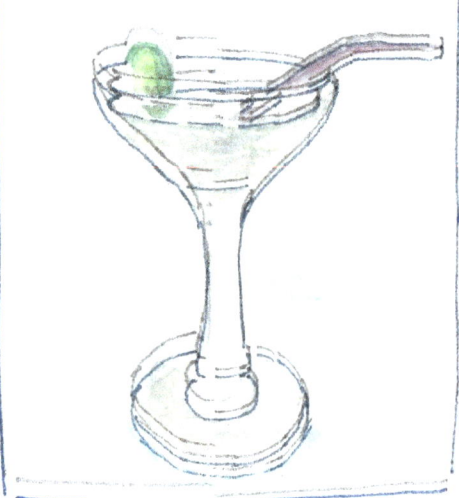

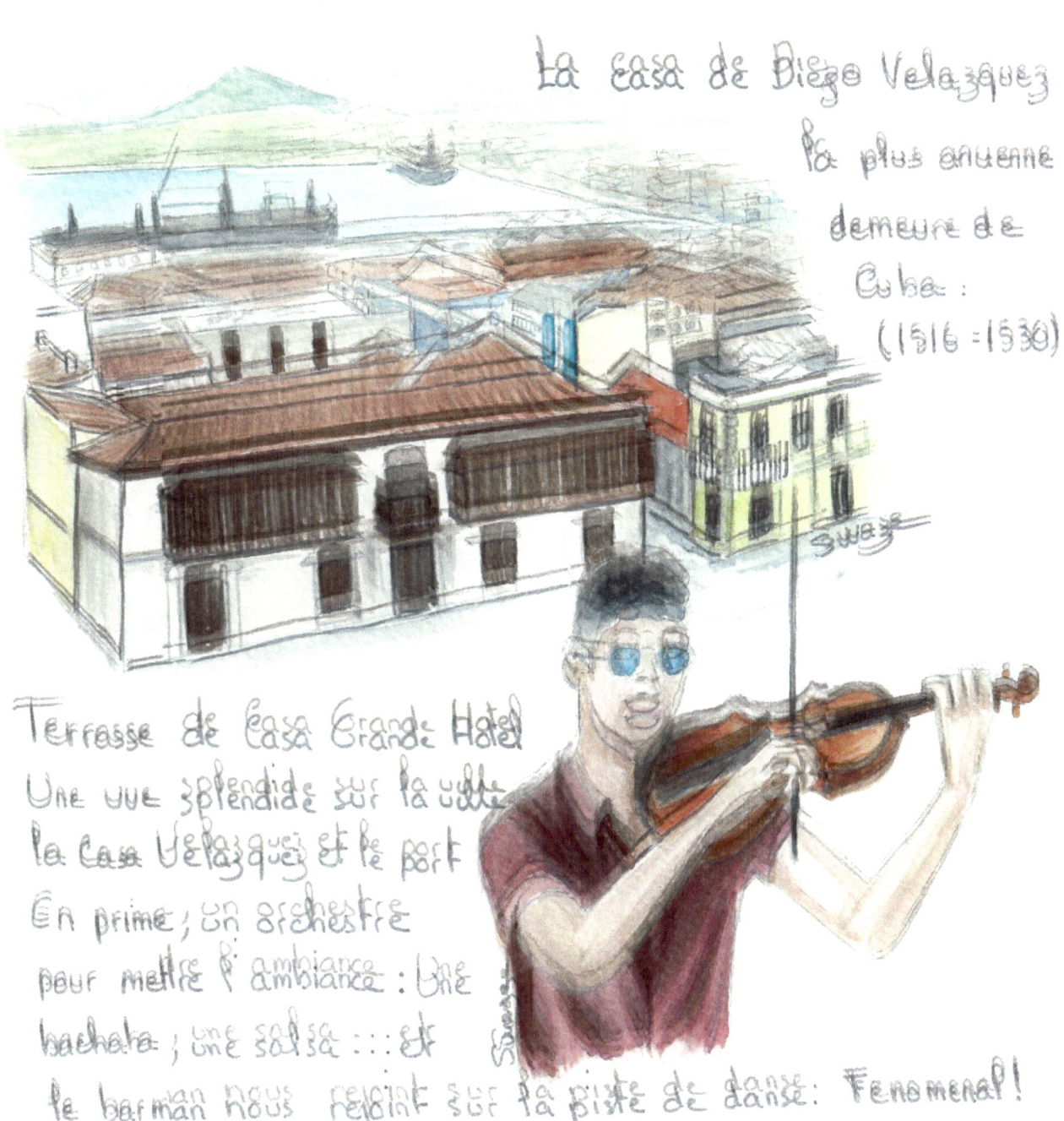

La casa de Diego Velazquez
la plus ancienne
demeure de
Cuba :
(1516-1530)

Terrasse de Casa Grande Hotel
Une vue splendide sur la ville
la Casa Velazquez et le port
En prime, un orchestre
pour mettre l'ambiance : Une
bachata ; une salsa ::: et
le barman nous rejoint sur la piste de danse : Fenomenal !

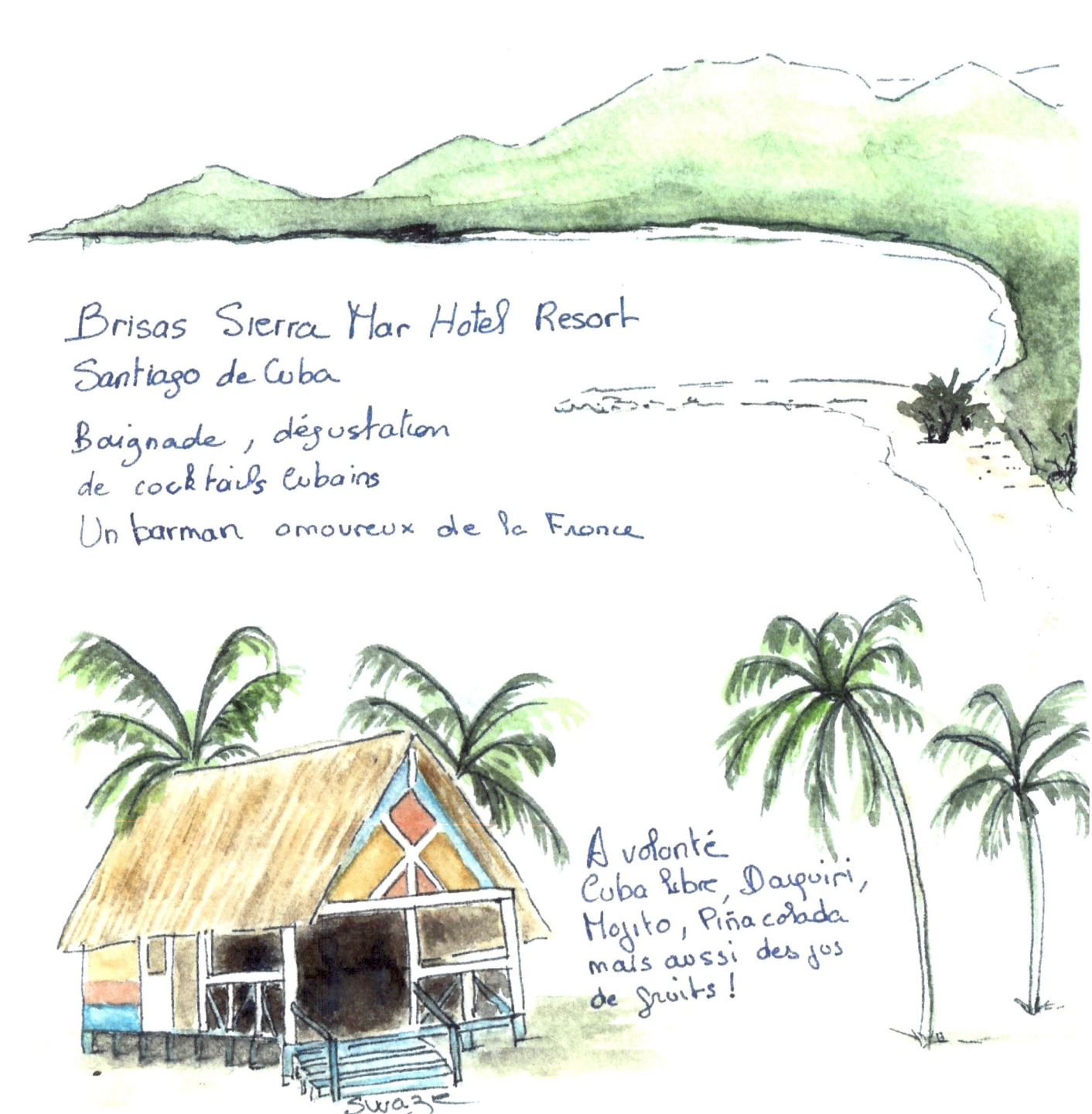

Brisas Sierra Mar Hotel Resort
Santiago de Cuba

Baignade, dégustation de cocktails cubains
Un barman amoureux de la France

A volonté
Cuba Libre, Daiquiri, Mojito, Piña colada mais aussi des jus de fruits !

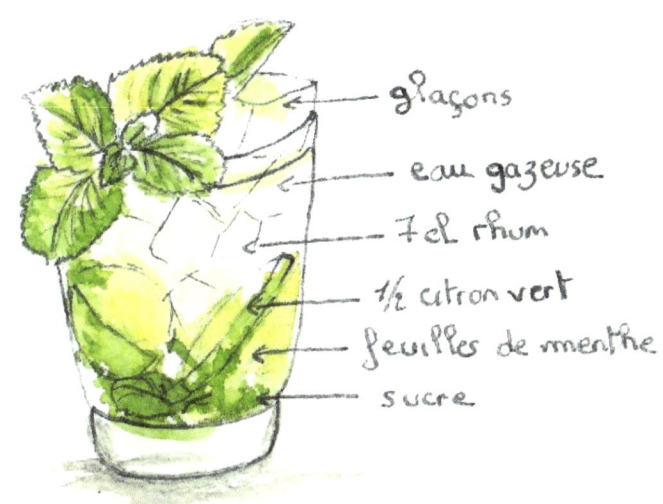

Mojito

Selon la légende, le Mojito a été inventé par les pirates du navire "Le Drake" au XVIe siècle. Le citron aurait été ajouté en 1910. Et la recette officielle a été mise au point par un barman de La Havane. Un grand succès !

lecture du Barman de l'hôtel.

Cuba Libre

Créé pendant la guerre d'Indépendance (1895-1898), cette recette connut un grand succès pendant la prohibition (1919-1933). Le "Cuba Libre" a en effet été importé aux Etats Unis en grande quantité, le rhum mélangé au Coca Cola passant plus facilement la douane.

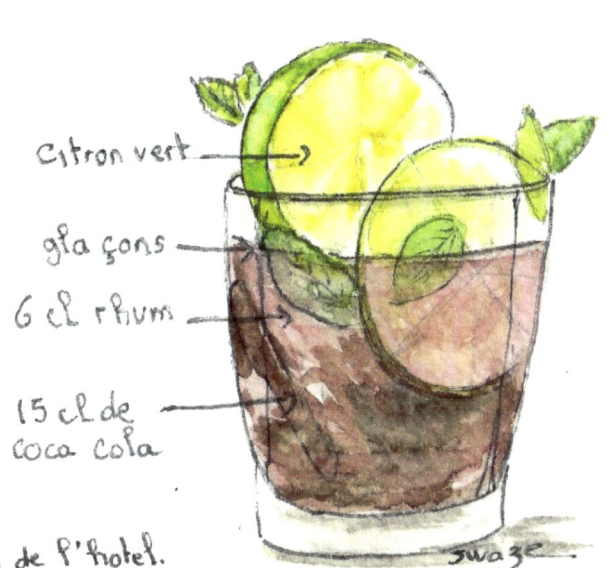

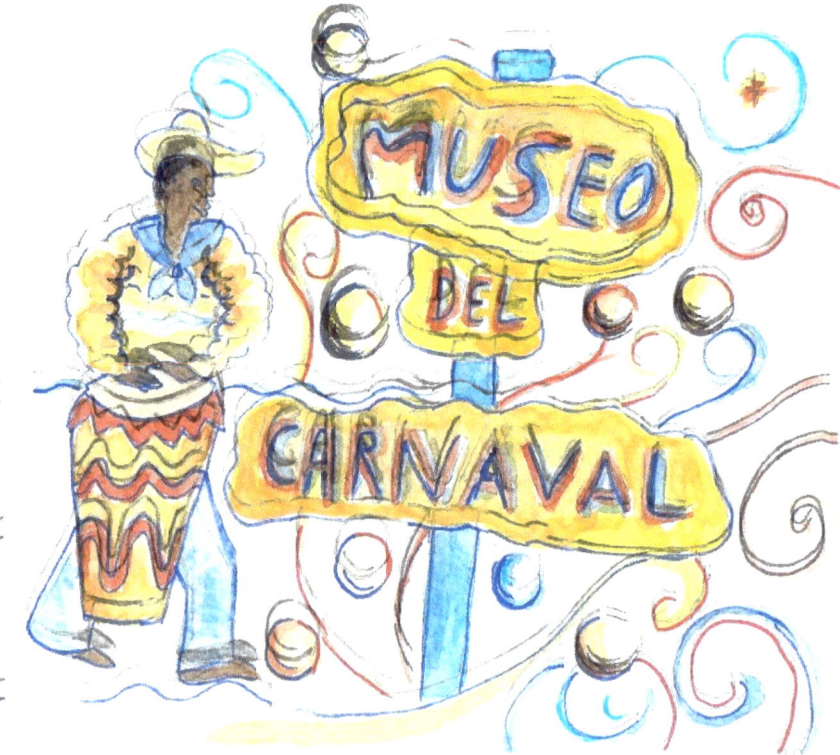

MUSEO DEL CARNAVAL : Le musée retrace l'histoire du carnaval à Santiago. Il présente instruments de musique, masques et costumes. Et dans la cour, un groupe folklorique danse au son des tambours : caliente !

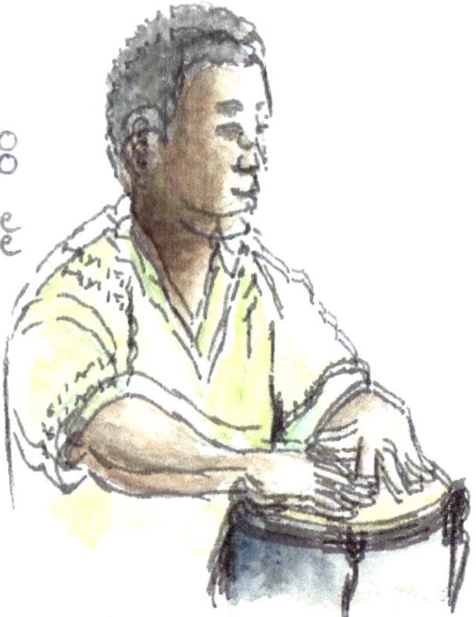

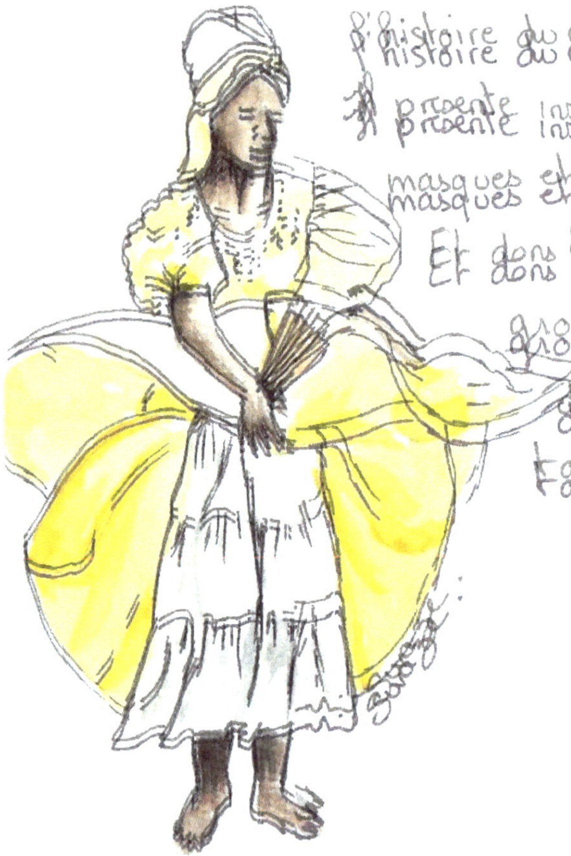

Ochún, une des Orishas de la Santeria. Déesse de la féminité, de la sensualité et de l'amour, elle règne sur les eaux douces, les rivières...

Casa de la Trova
Santiago de Cuba

Depuis 1950, le rendez-vous des amateurs de Trova
Un décor de bois et de photos jaunis, une ambiance chaleureuse avec musiciens et chanteuses.
Et les salseros sont déjà sur la piste de danse

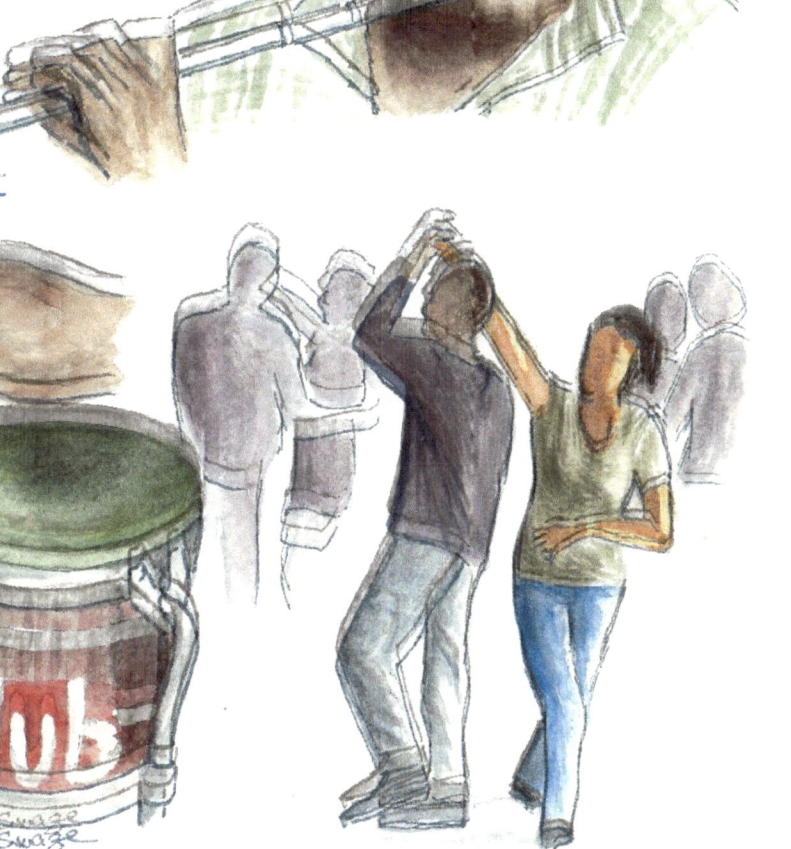

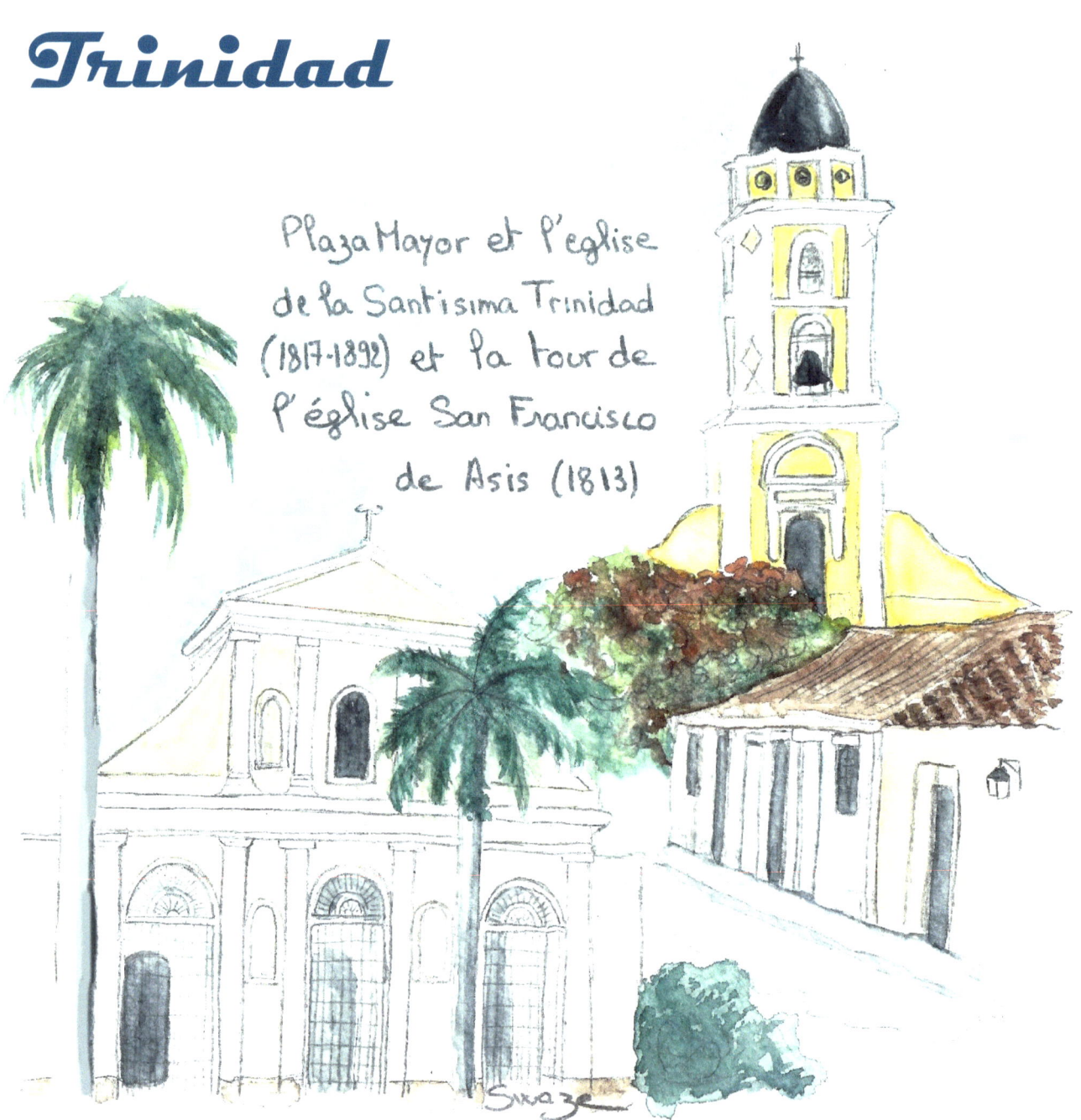

Trinidad. Une ville pleine de charme avec ses rues pavées, ses toits de tuiles et ses maisons colorées.

Coup de Coeur

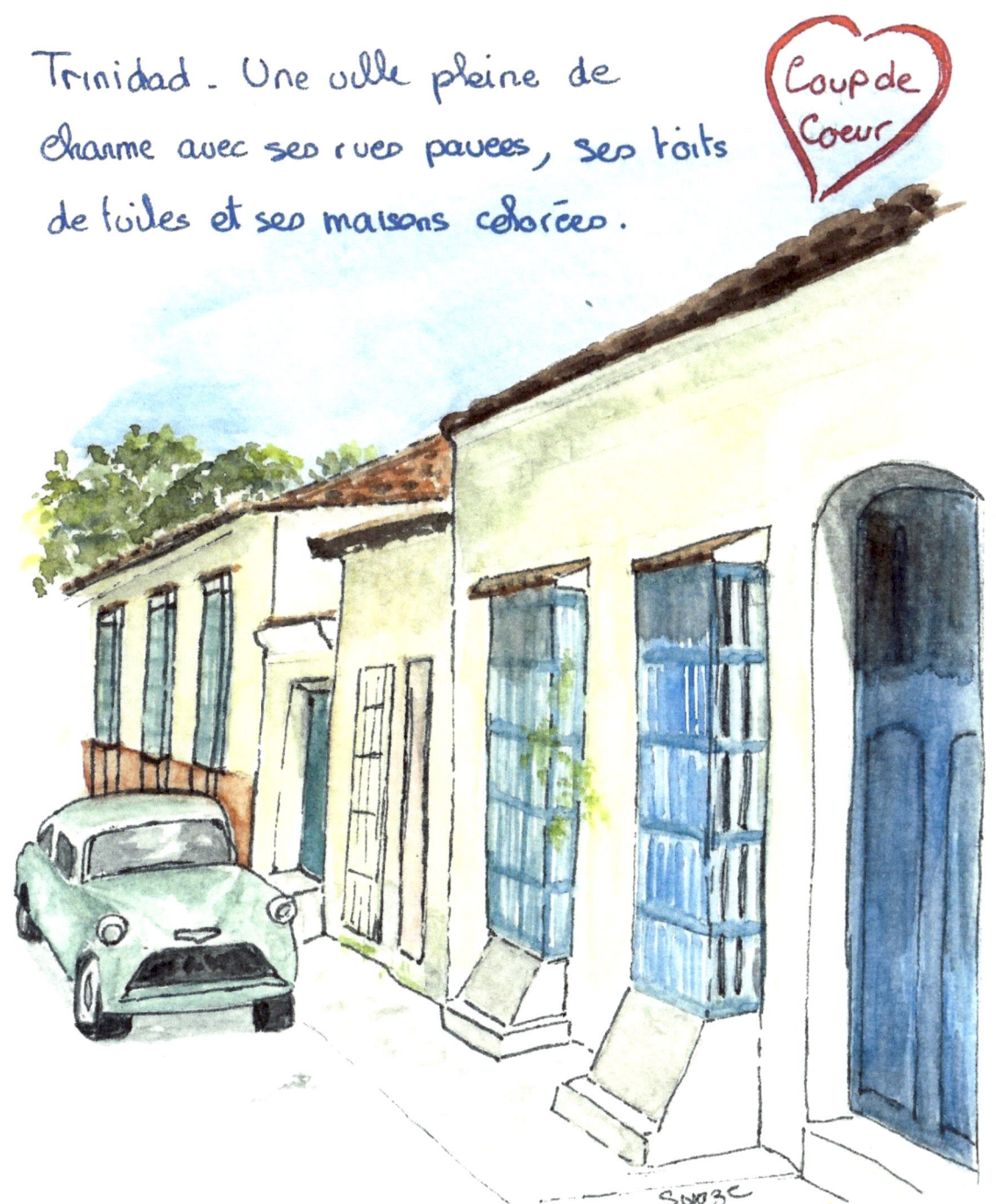

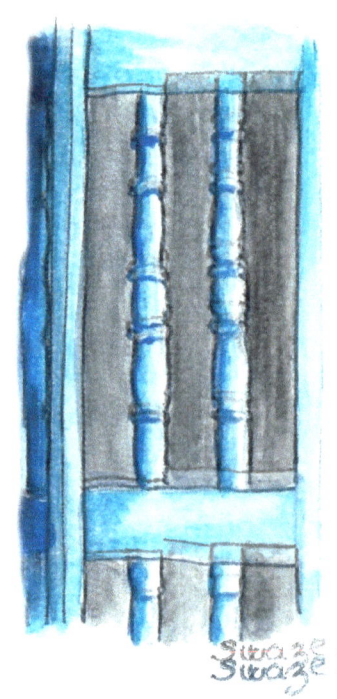

"bacrotés", barreaux de bois tournés remplacés au 19° siècle par d'élégantes grilles de fer forgé.

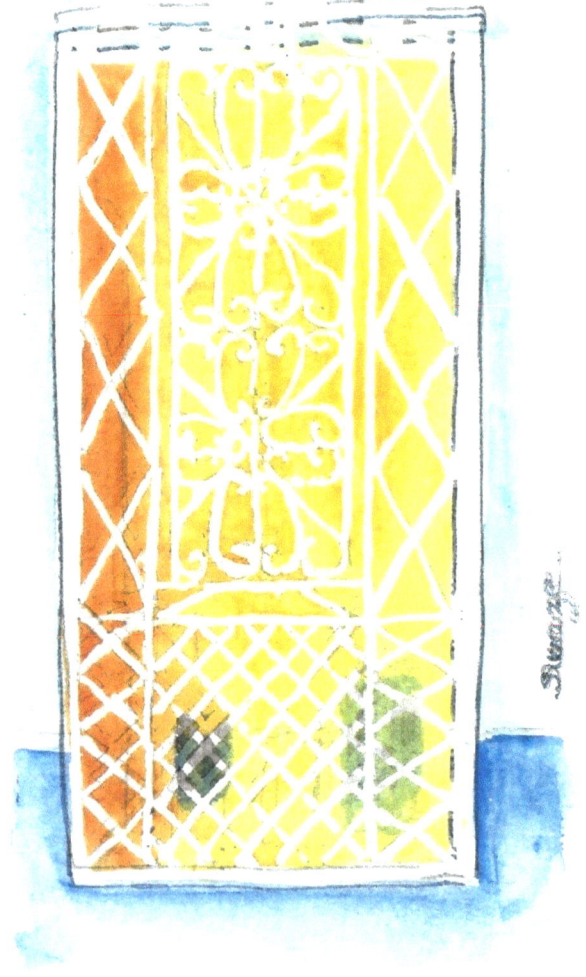

XVIII° Siècle
Cachée derrière les grilles ouvragées, la jeune fille attend que son amoureux se décide à demander sa main à son père.

Les guaguas - Trinidad
Un look de bétaillère et un confort très spartiate, utilisés au quotidien comme bus scolaire ou bus urbain.

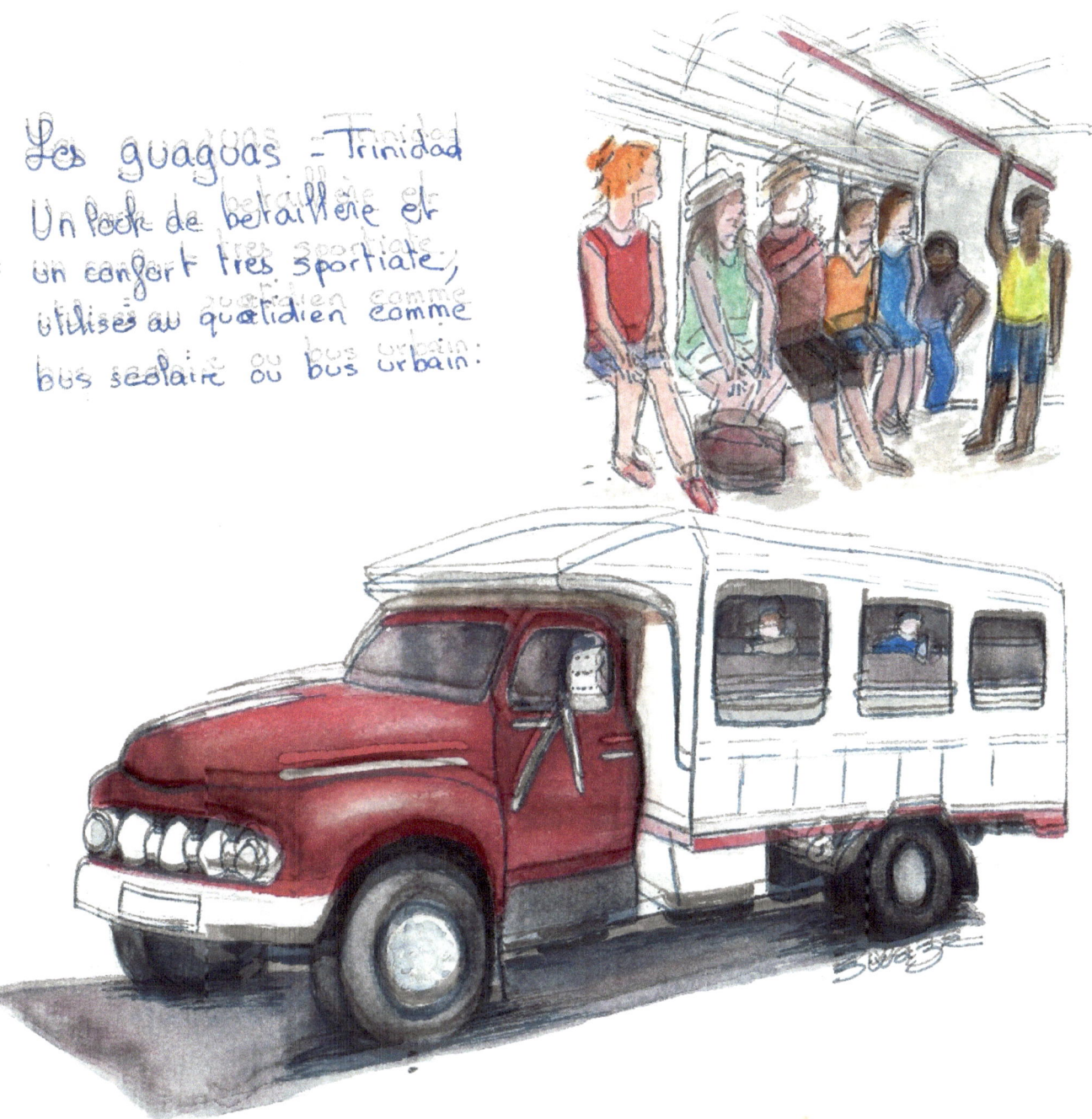

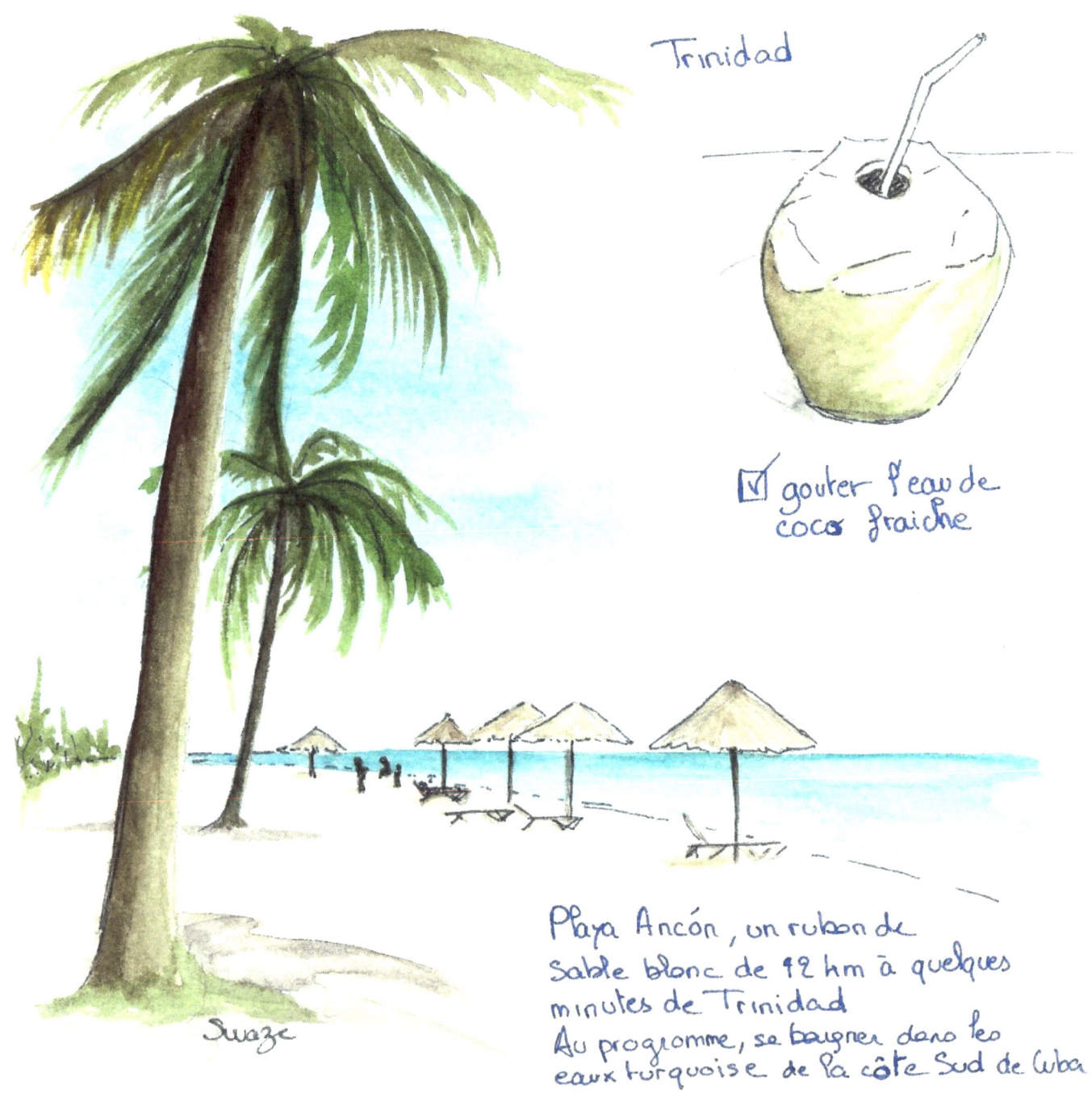

Trinidad

☑ goûter l'eau de coco fraîche

Playa Ancón, un ruban de sable blanc de 12 km à quelques minutes de Trinidad
Au programme, se baigner dans les eaux turquoise de la côte Sud de Cuba

Canchanchara

pour 1 verre
1 cuil de miel
1 cuil de jus de citron vert
Bien mélanger
Ajouter les glaçons puis 4 cl de rhum.
Compléter avec 8 à 10 cl d'eau pétillante ou de limonade

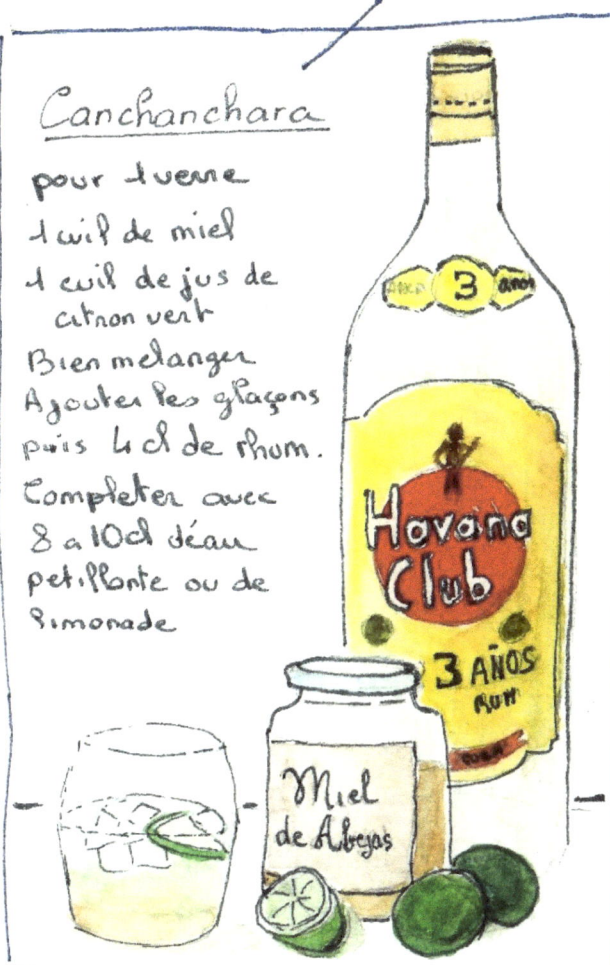

Sopa de Legumbres

Faire tremper les légumes secs une nuit
Le lendemain, les cuire 10 min en cocotte ou 1 heure dans une casserole, avec de l'ail et du laurier.
Dans une marmite, faire revenir ail, piment rouge à feu doux.
Ajouter les légumes secs et cuire 30 min environ

Langouste et crevettes
servies avec du riz

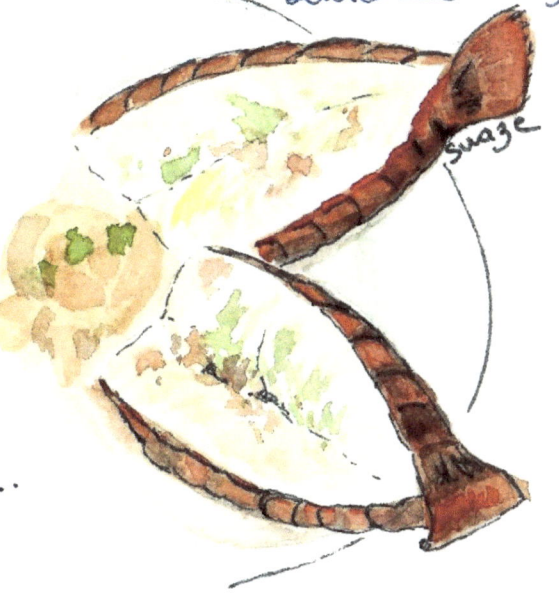

suage

Plats typiques
Cochon grillé à la broche
Queso con guayaba (fromage et goyave)
Banane plantain frite ou en purée
Salade avocat, choux, concombre

Et puis le riz - Moro y cristianos, Congri... incontournable.

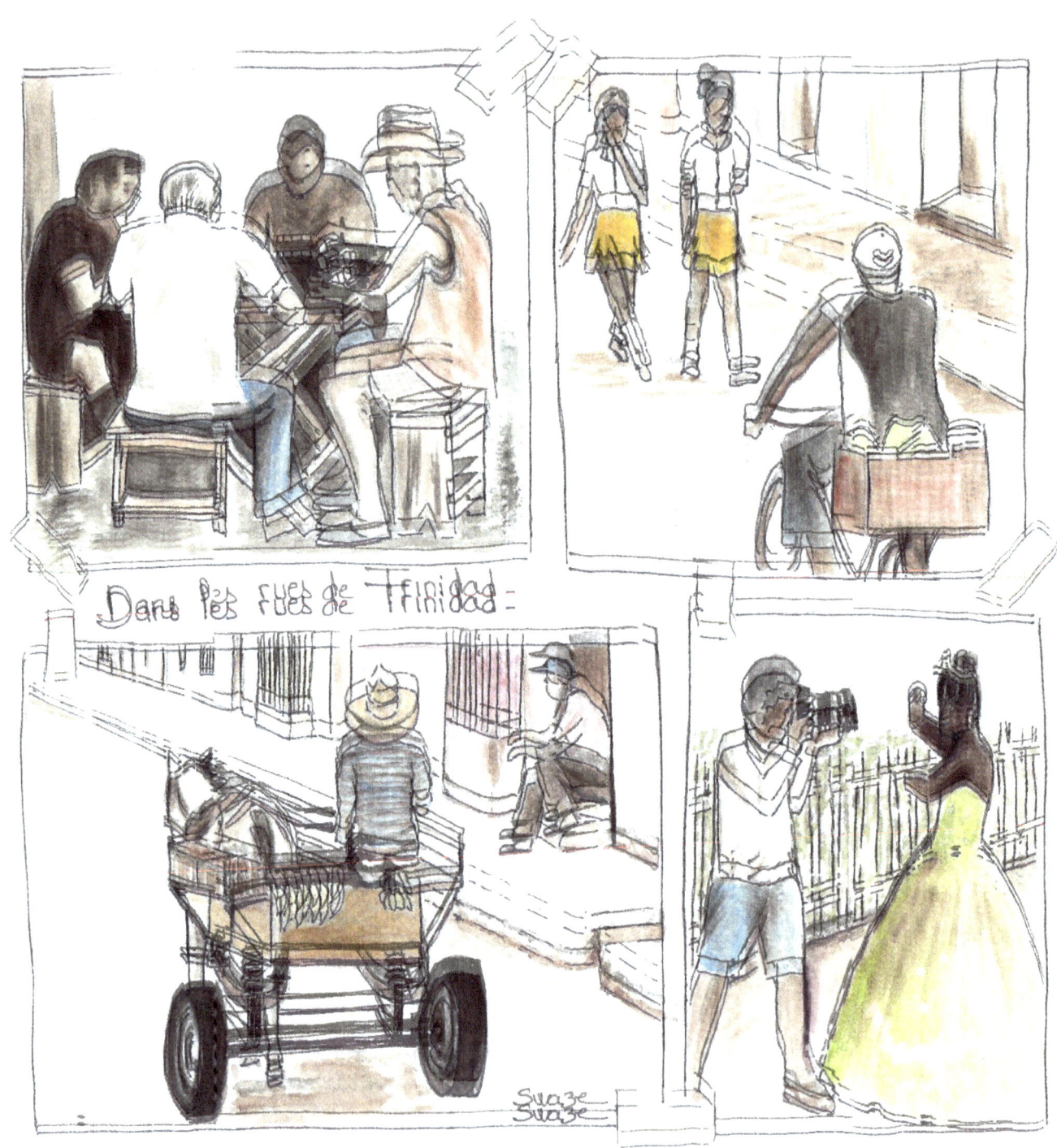

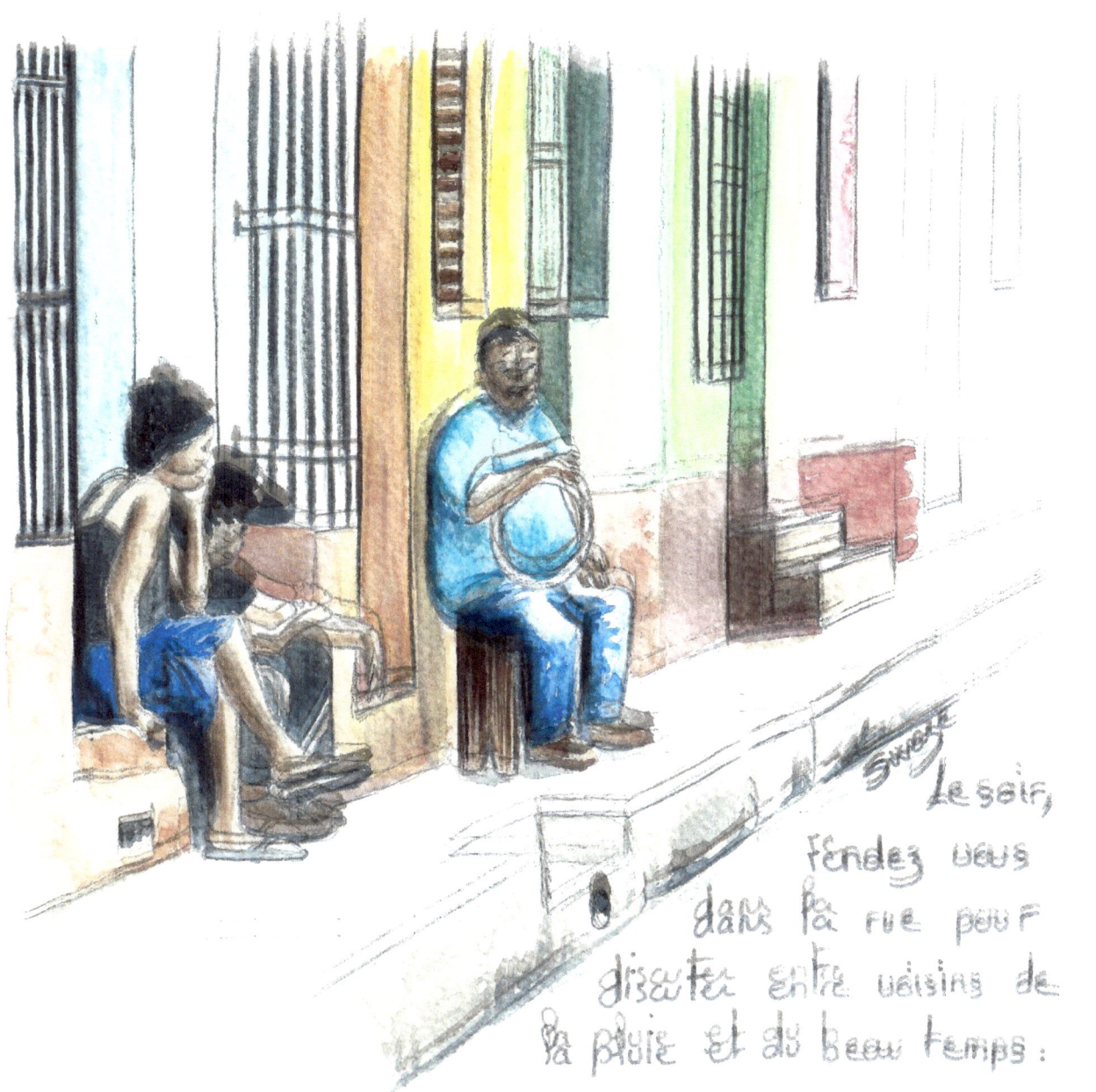

Le soir, rendez-vous dans la rue pour discuter entre voisins de la pluie et du beau temps.

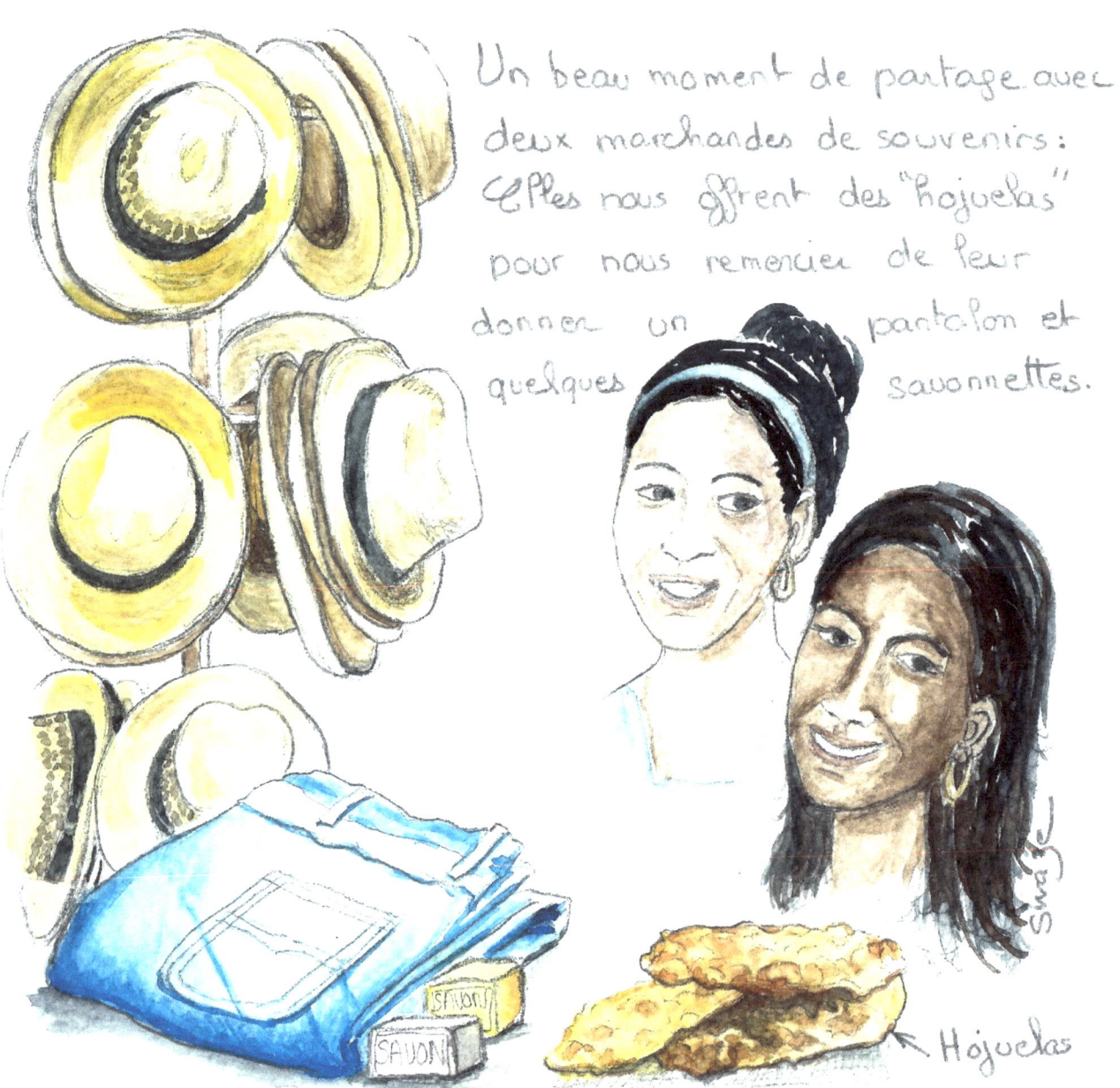

Les dominos à Cuba, un jeu très populaire, avec une spécificité : des plaques allant du double zéro au double neuf. Rencontre avec Eduardo, qui travaille dans une usine fabriquant des jeux en bois. Lui, préfère la version en plastique, plus légère.

Dominoes
doblenueve

LA B del M

LA BODEGUITA DEL MEDIO
CALLE REAL N° 74 - TRINIDAD

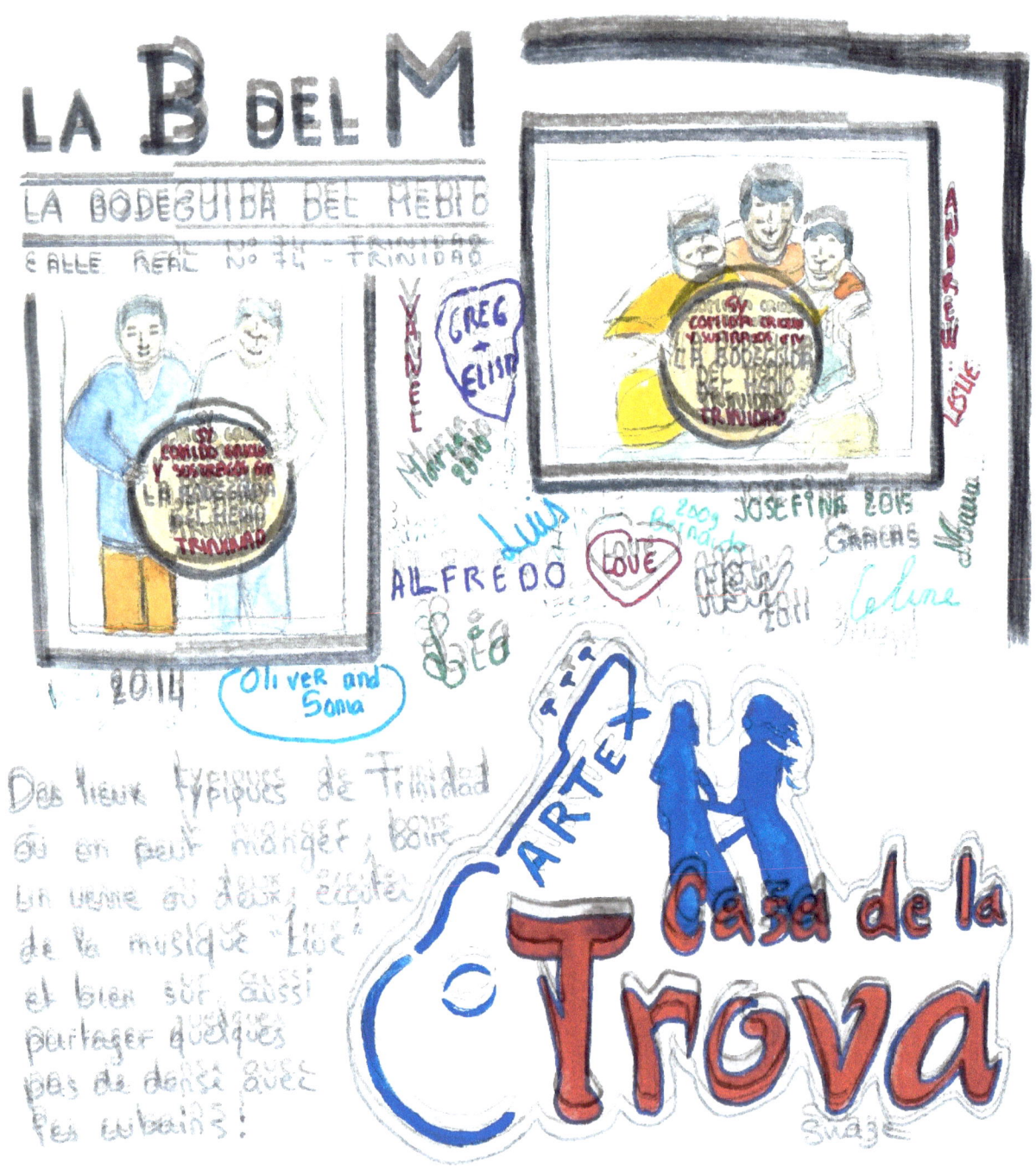

Des lieux typiques de Trinidad où on peut manger, boire un verre ou deux, écouter de la musique "Live" et bien sûr aussi partager quelques pas de danse avec les cubains !

Casa de la Trova

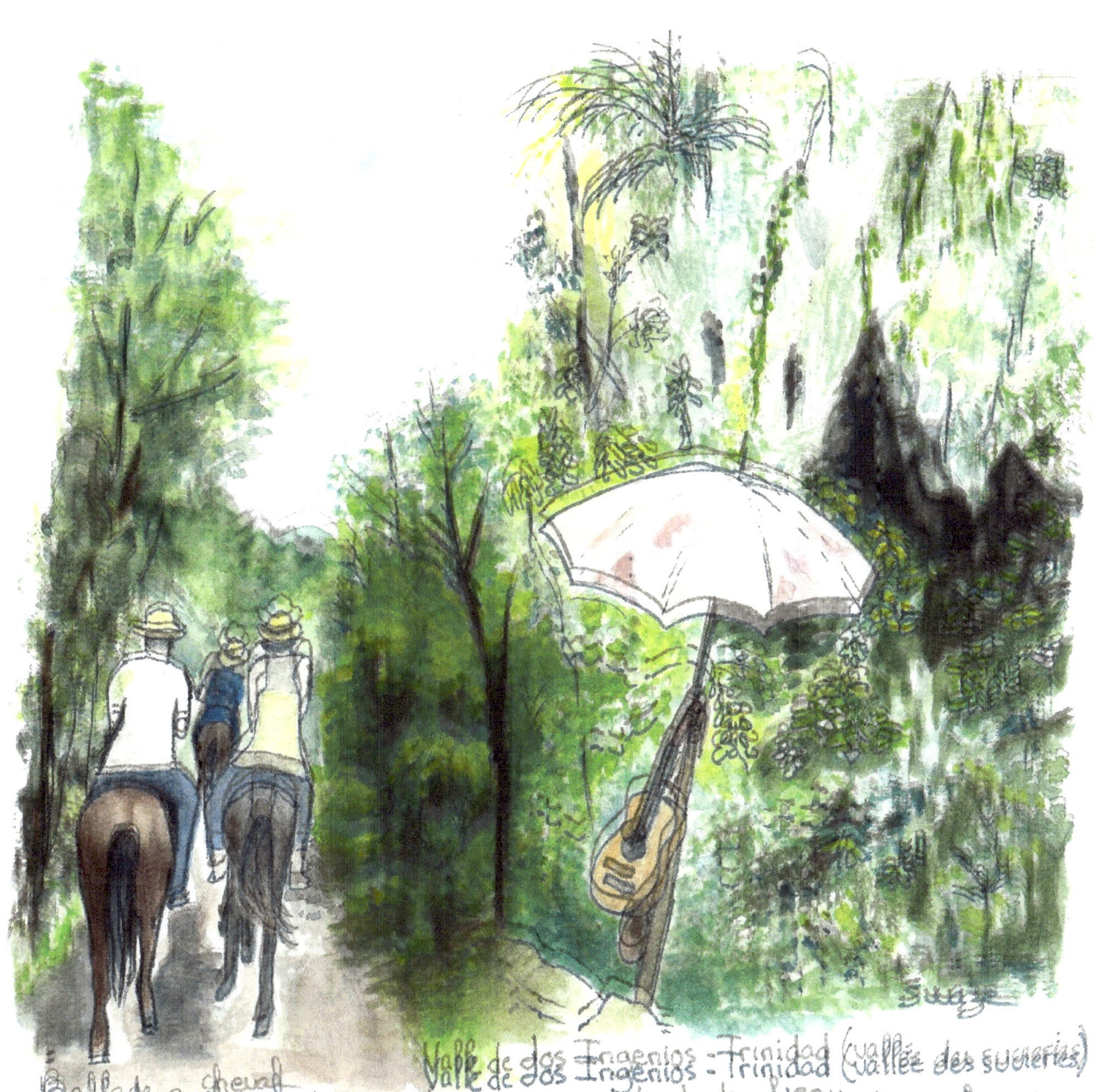

Valle de los Ingenios - Trinidad (vallée des sucreries)
Ballade à cheval vers une cascade et concert sauvage au bord de l'eau, au milieu de la forêt.

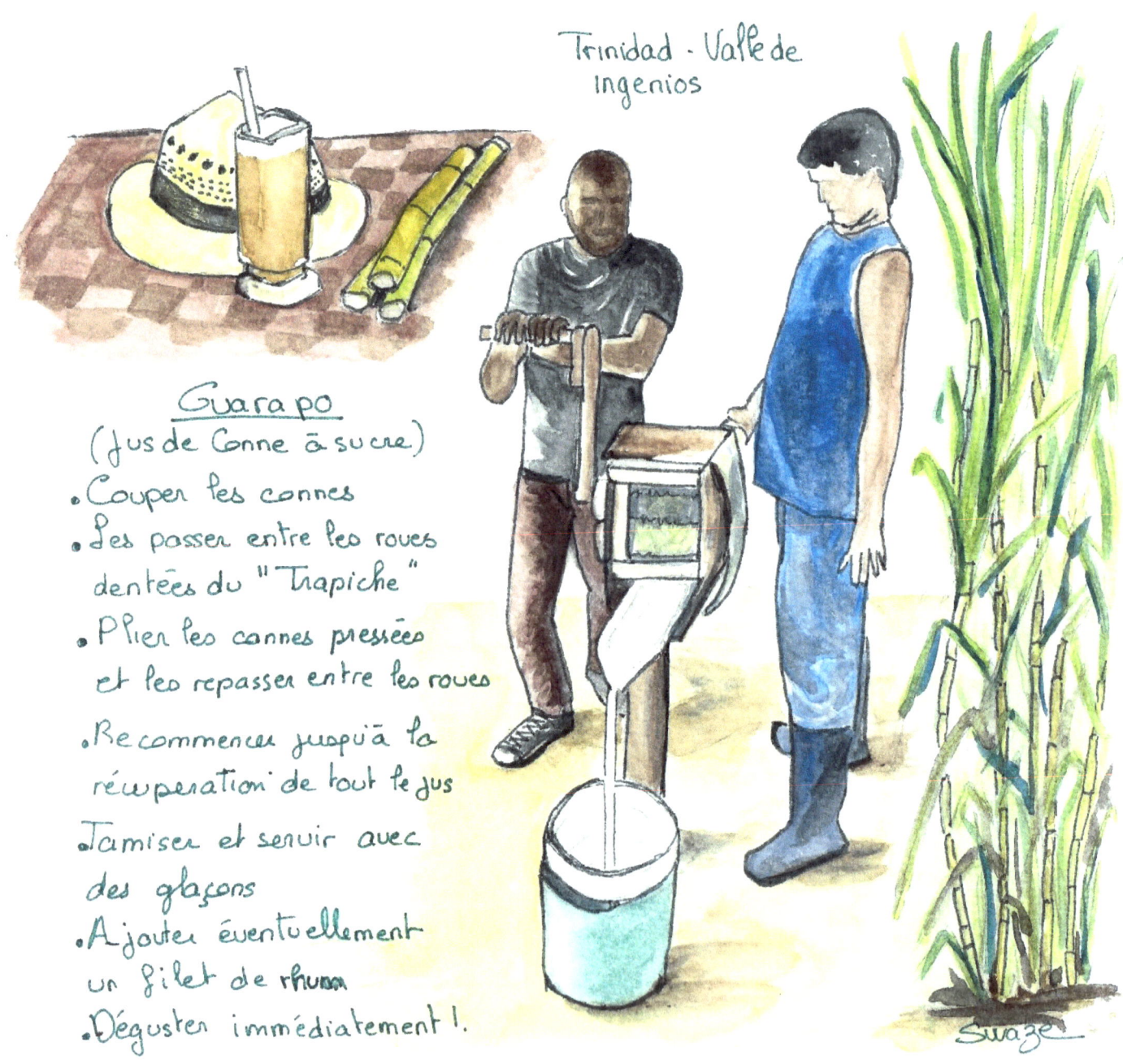

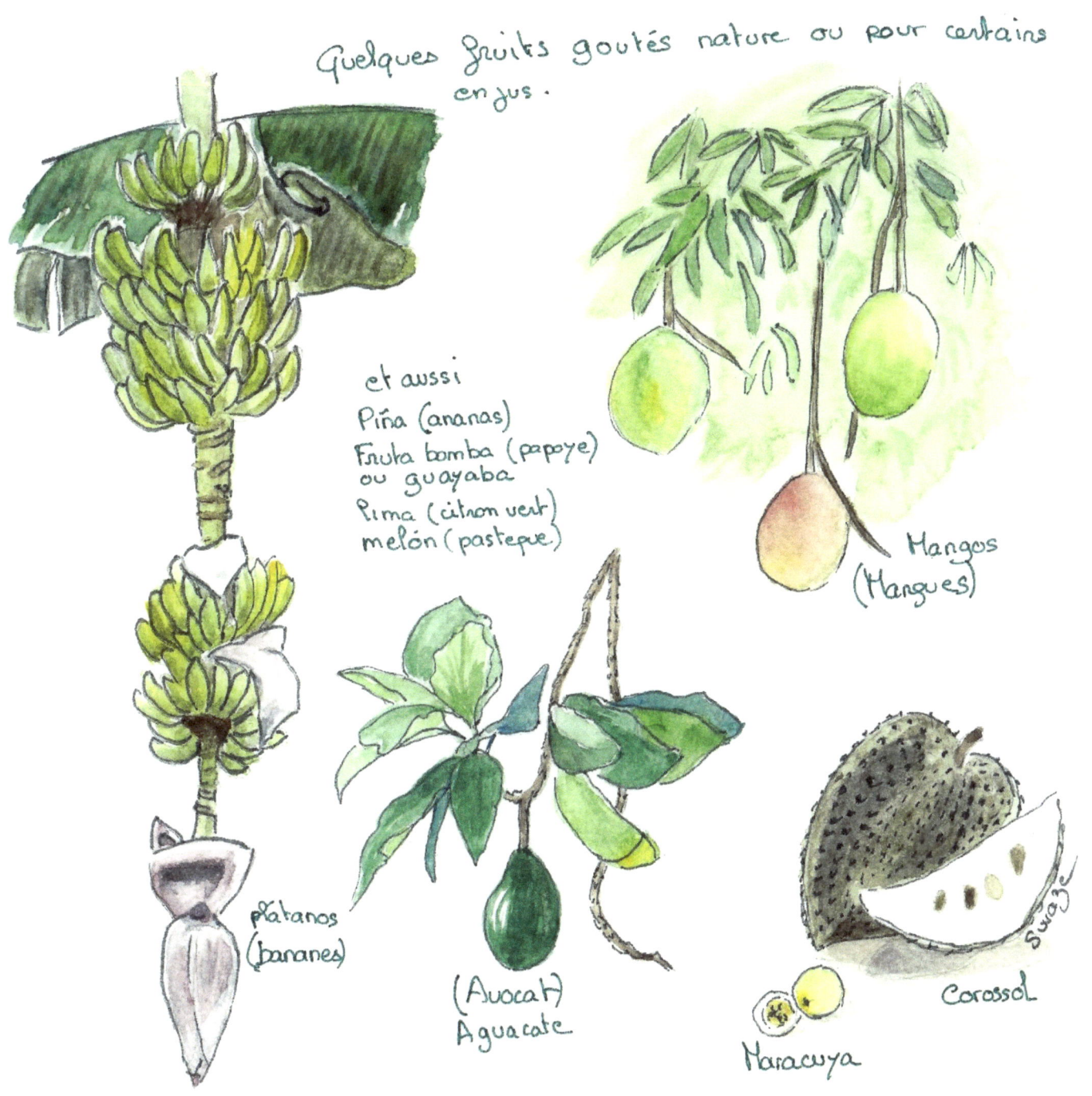

Quelques fruits goutés nature ou pour certains en jus.

et aussi
Piña (ananas)
Fruta bomba (papaye) ou guayaba
Lima (citron vert)
melón (pasteque)

plátanos (bananes)

(Avocat) Aguacate

Mangos (Mangues)

Maracuya

Corossol

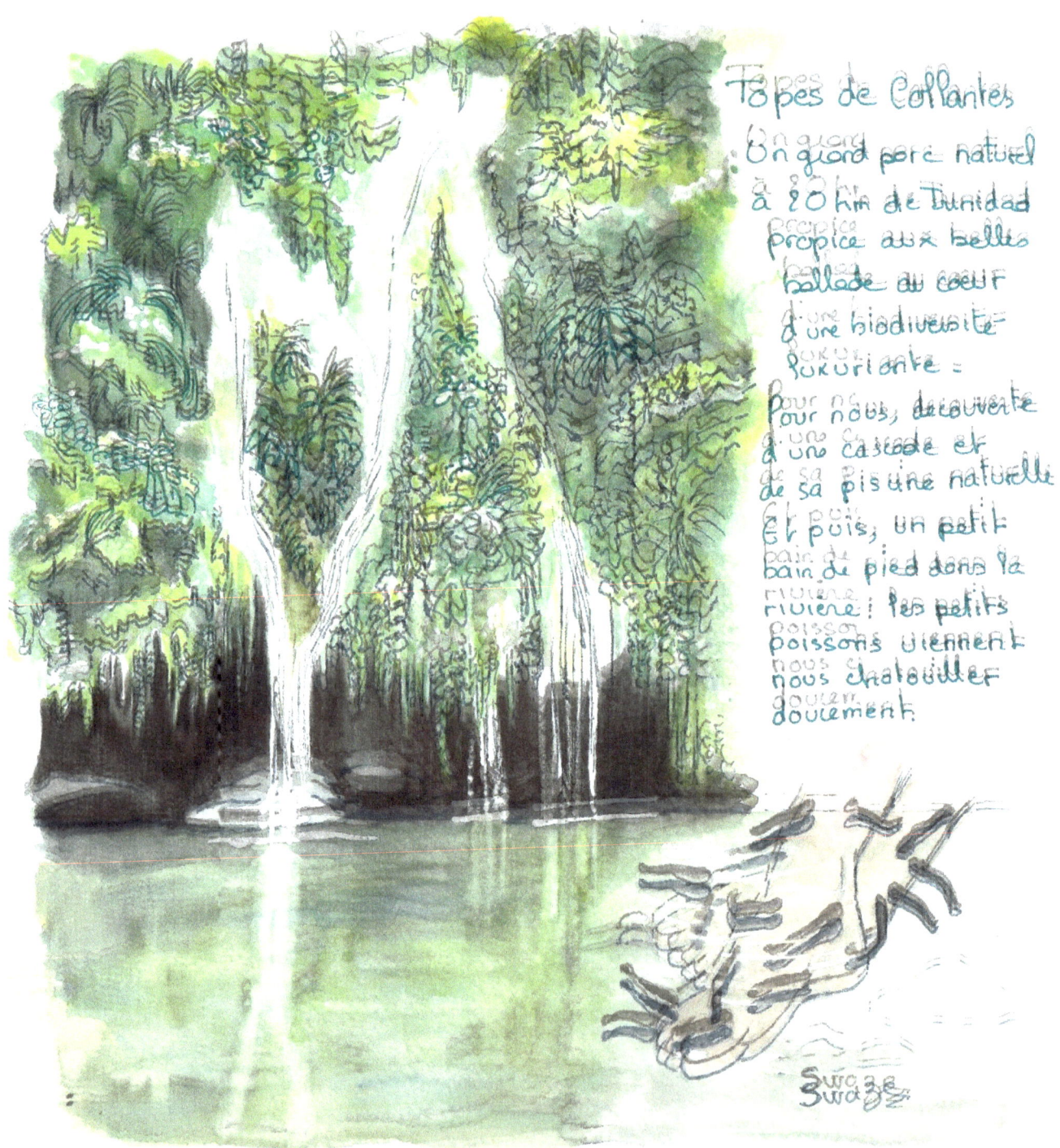

Topes de Collantes
Un grand parc naturel
à 20 km de Trinidad
propice aux belles
ballade au cœur
d'une biodiversité
luxuriante.
Pour nous, découverte
d'une cascade et
de sa piscine naturelle
Et puis, un petit
bain de pied dans la
rivière ! les petits
poissons viennent
nous chatouiller
doucement.

Swaze
Swaze

Santa Clara

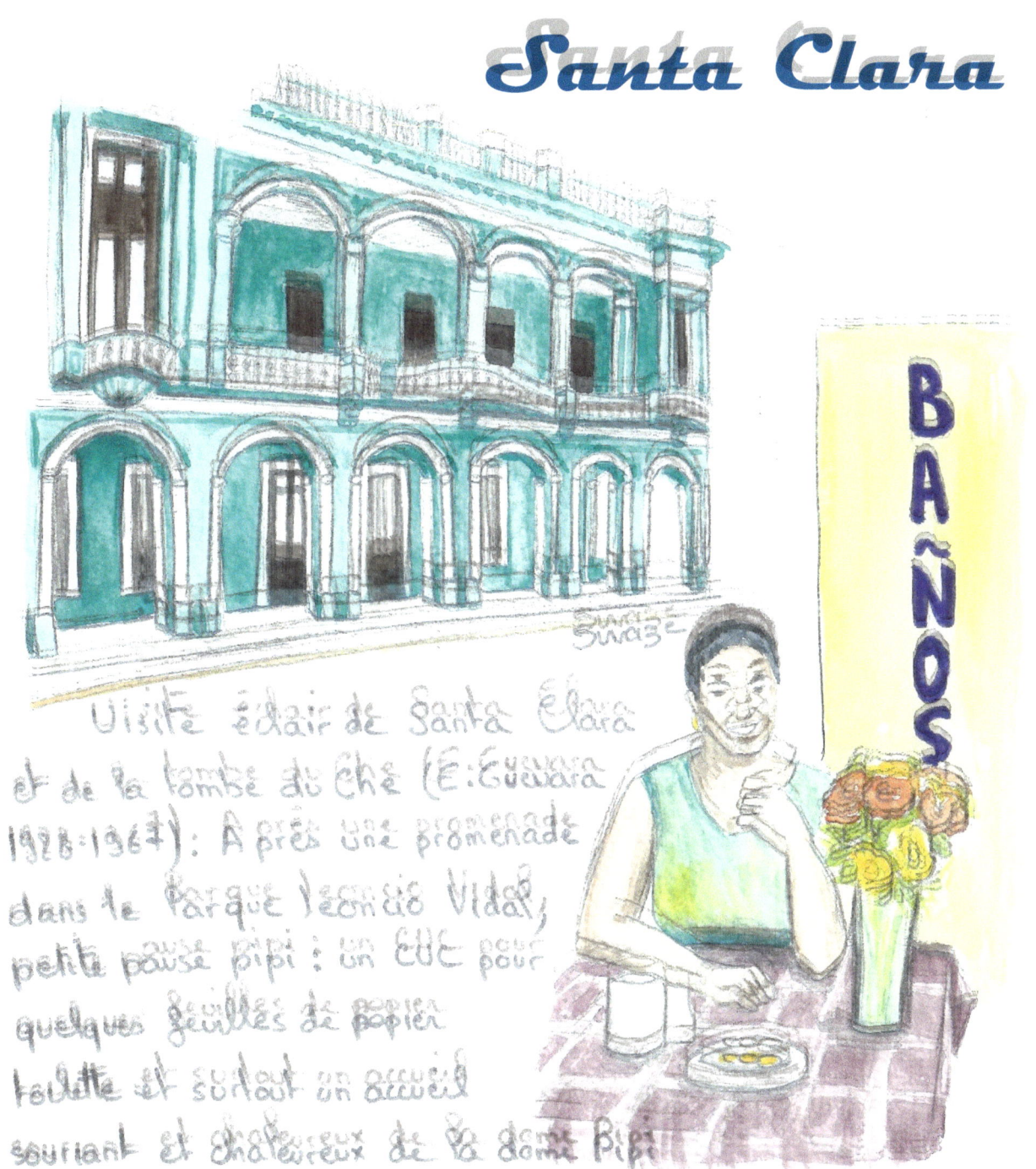

Visite éclair de Santa Clara et de la tombe du Che (E. Guevara 1928-1967). Après une promenade dans le Parque Leoncio Vidal, petite pause pipi : un CUC pour quelques feuilles de papier toilette et surtout un accueil souriant et chaleureux de la dame Pipi.

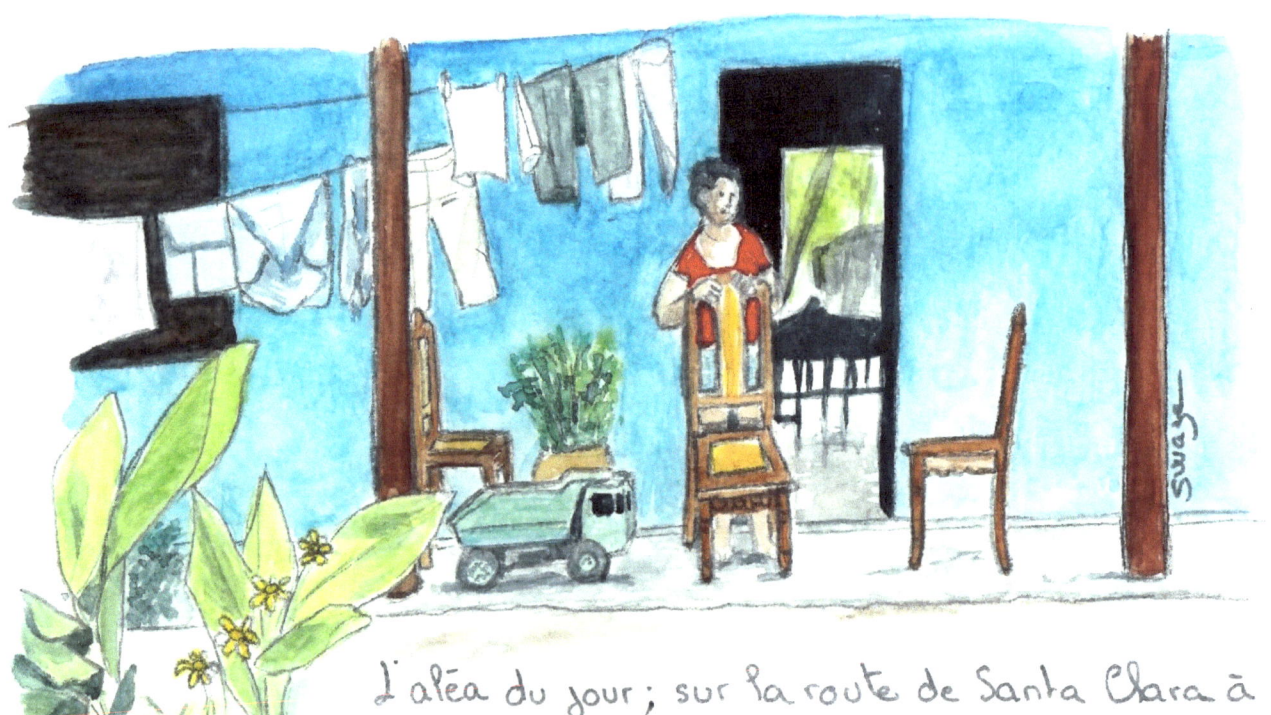

L'aléa du jour ; sur la route de Santa Clara à La Habana : une roue crevée !

Mais nos sauveurs sont là. Carmen nous apporte des chaises pour que nous patientons à l'ombre. Pendant que Miguel et son père réparent la roue. Entraide et générosité !

La Habana

La Havane - Le Capitolio
92 m de haut, inspiré par
le Capitol de Washington (USA)
inauguré en 1929

Classé au Patrimoine National
il est en cours de restauration
depuis 2013

Pontiac Star Chief
1956

Les mécaniciens Cubains sont les rois de la débrouille. En raison de l'embargo, depuis les années 60, c'est très difficile de trouver des pièces de rechange. Alors, il faut en récupérer sur d'autres véhicules, notamment d'origine soviétique, ou les fabriquer avec des matériaux locaux détournés de leur fonction première.

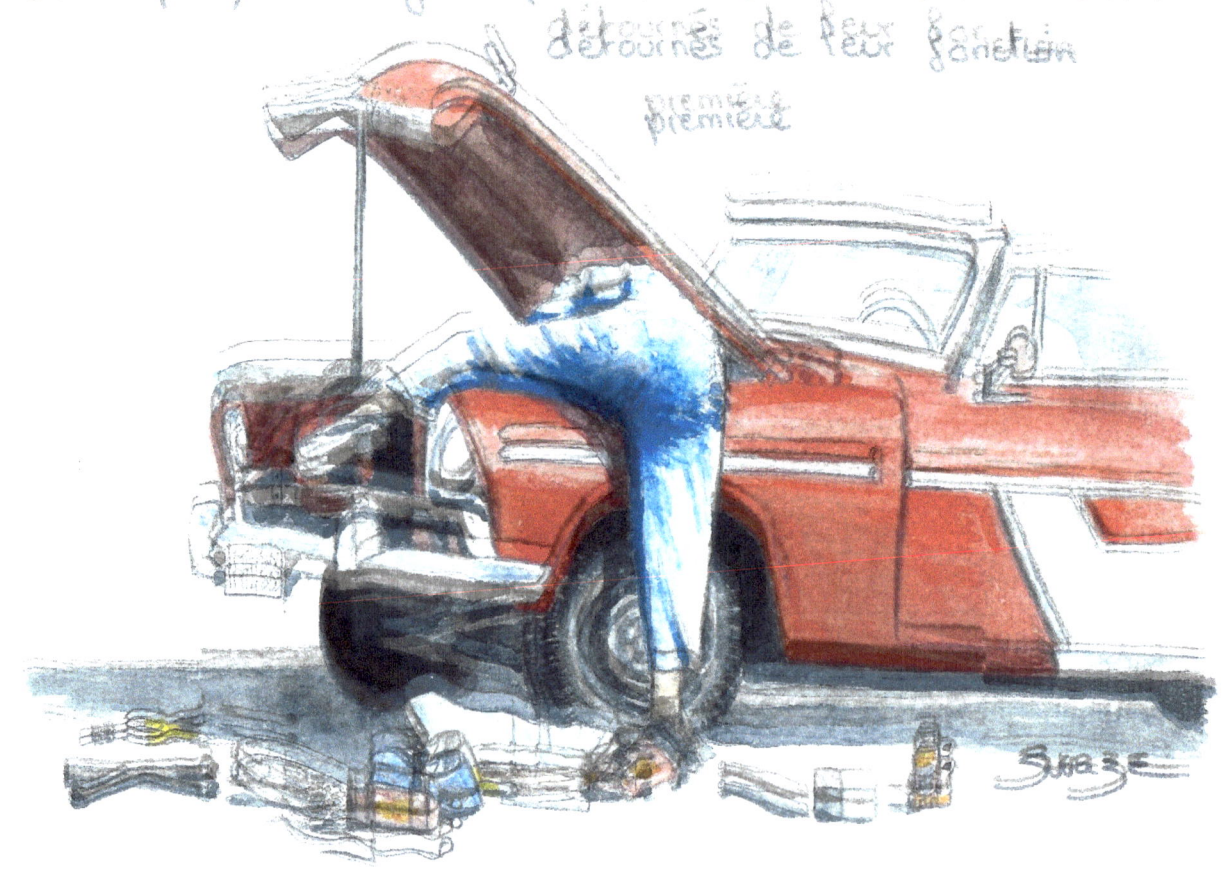

La Havane = Habana Vieja : ses rues étroites
La splendeur des façades décolorées, malgré
la décrépitude de centaines :
Les vieilles demeures du centre sont divisées en "solares"

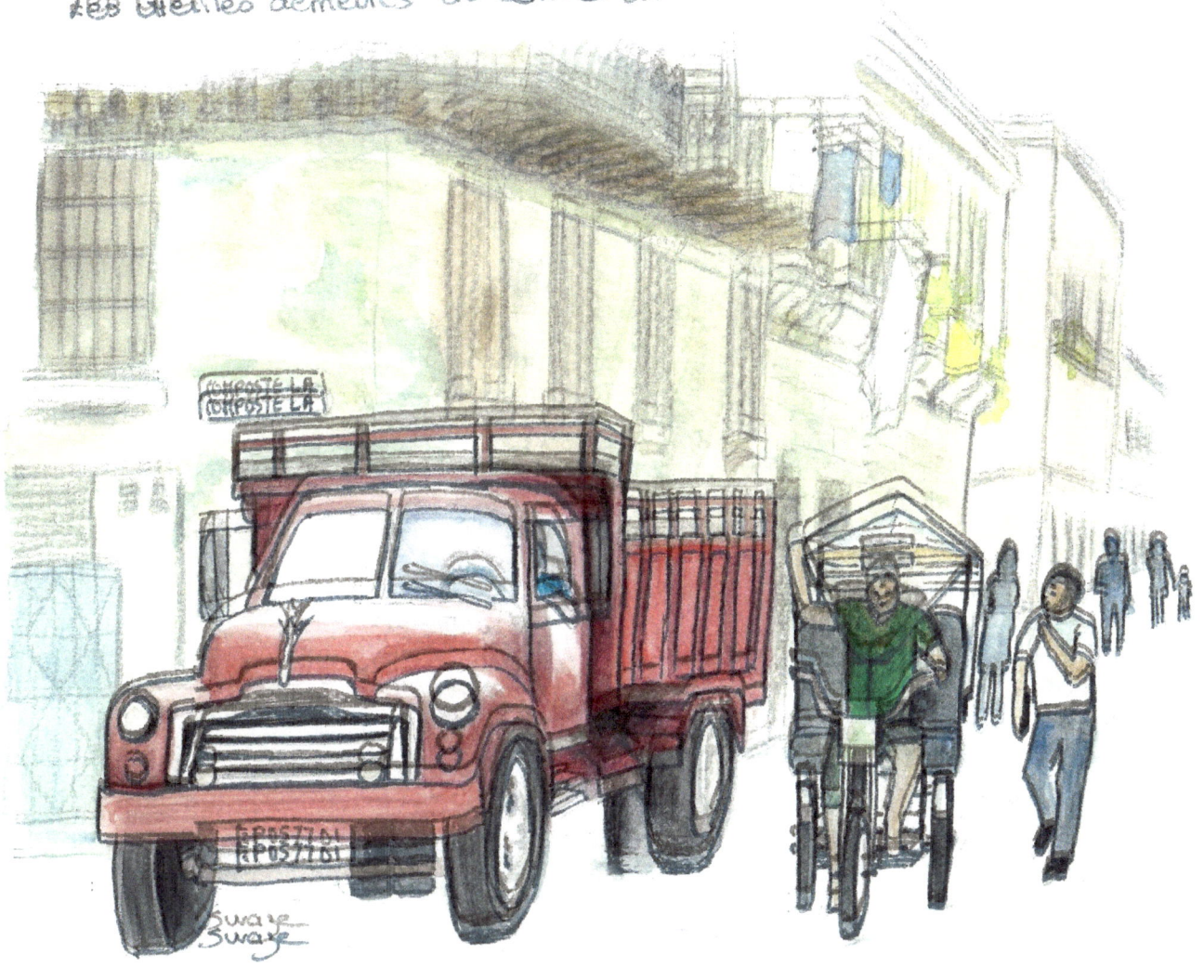

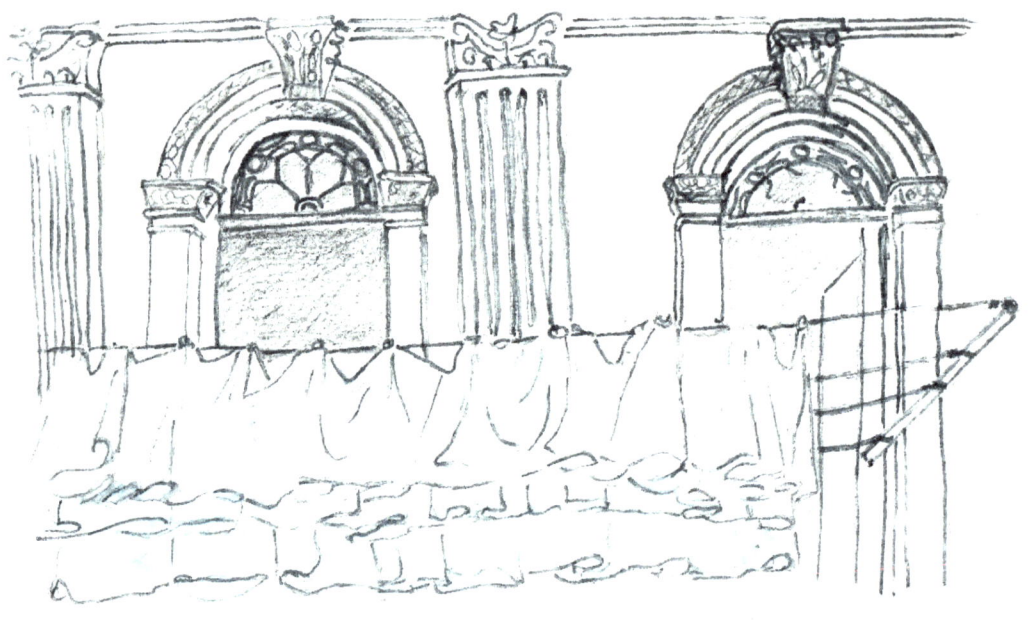

Hávana Vieja

Le linge pend aux fenêtres. Les fils accrochés plus ou moins bien aux montants contrastent avec la richesse des sculptures. Ici les draps d'un hôtel, là les vêtements de la famille.

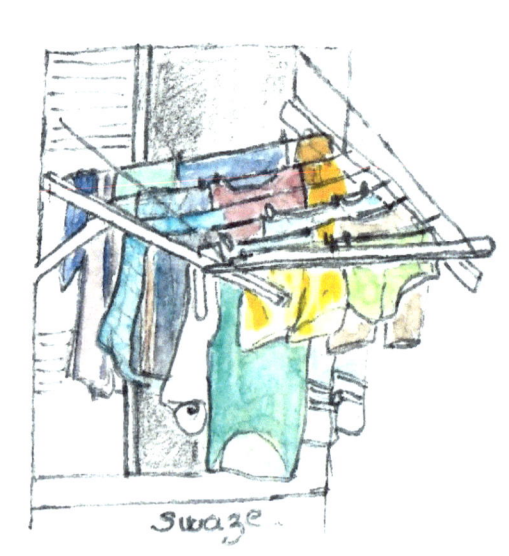

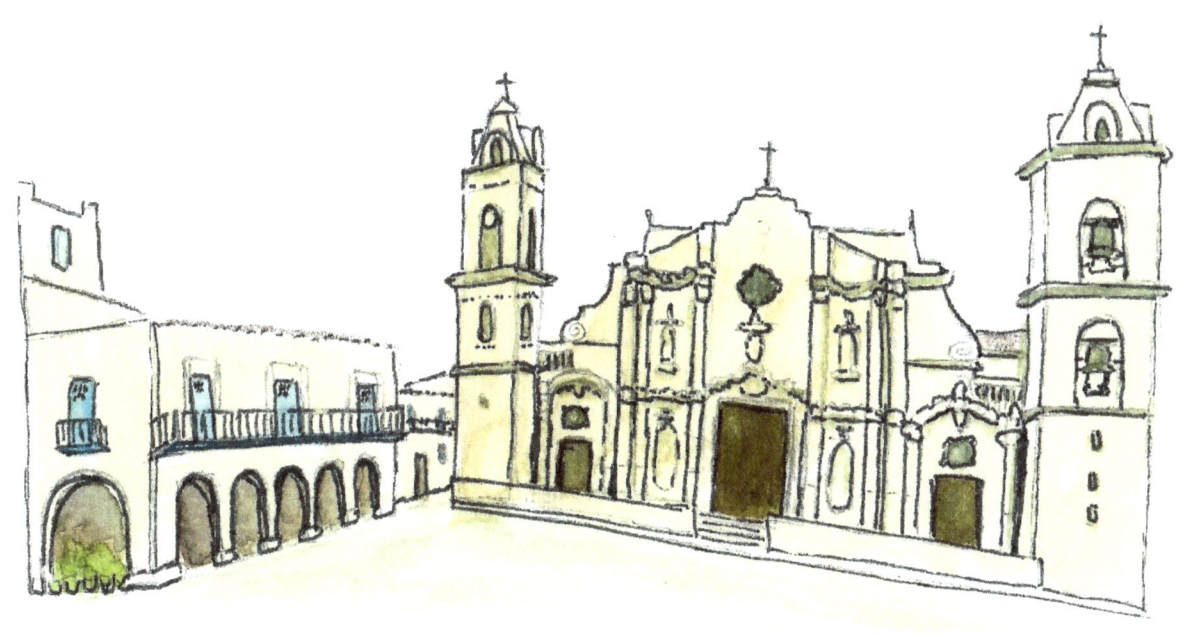

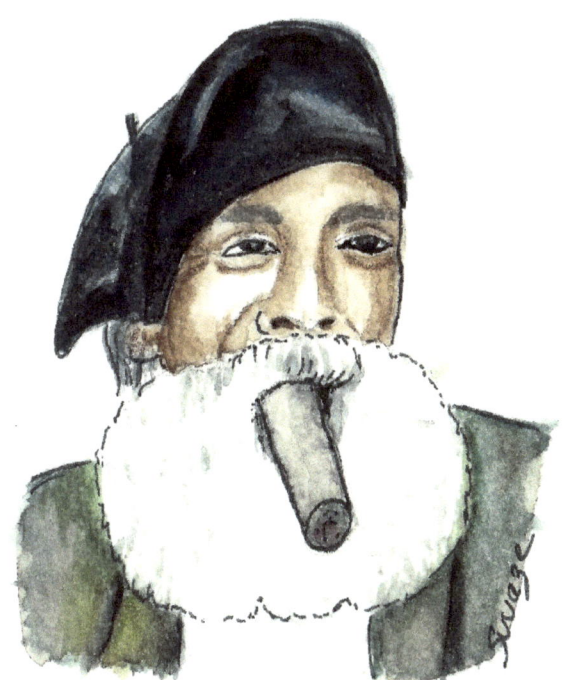

La Havane - La Habana Vieja
Classe au Patrimoine Mondial de l'UNESCO

Rencontre de Wilki, l'homme au cigare sur la Plaza Vieja.
Au centre la catedral de San Cristobal construite entre 1748 et 1777
A gauche, casa de los Marqueses de Aguas Claras (1751-1775)

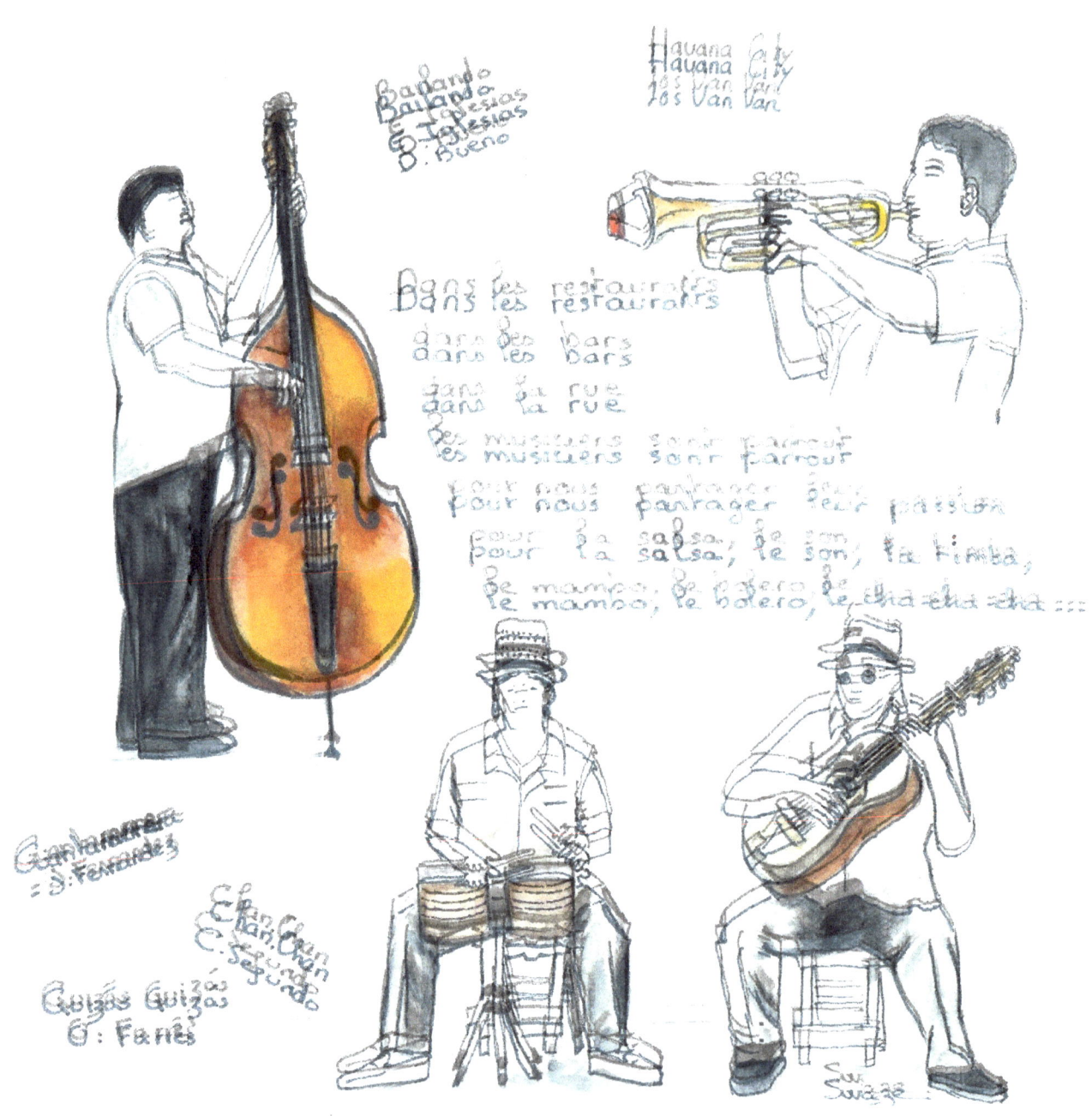

Granma

Solear el espíritu

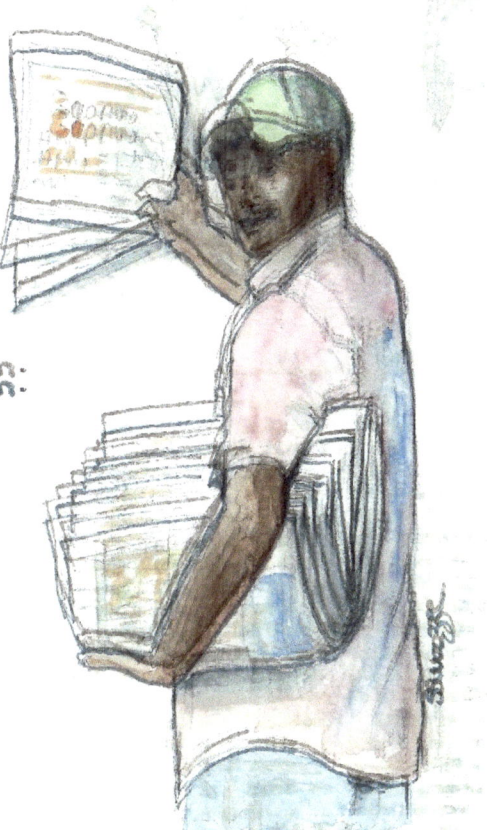

Près du Capitol, les periodiqueros proposent aux passants leur journaux.

Granma : journal officiel du parti communiste cubain. Le journal tient son nom du bateau qui utilisa Fidel Castro en 1956 et qui permit de lancer la Révolution Cubaine.

Publié quotidiennement et diffusé en Anglais, espagnol, français et portugais.

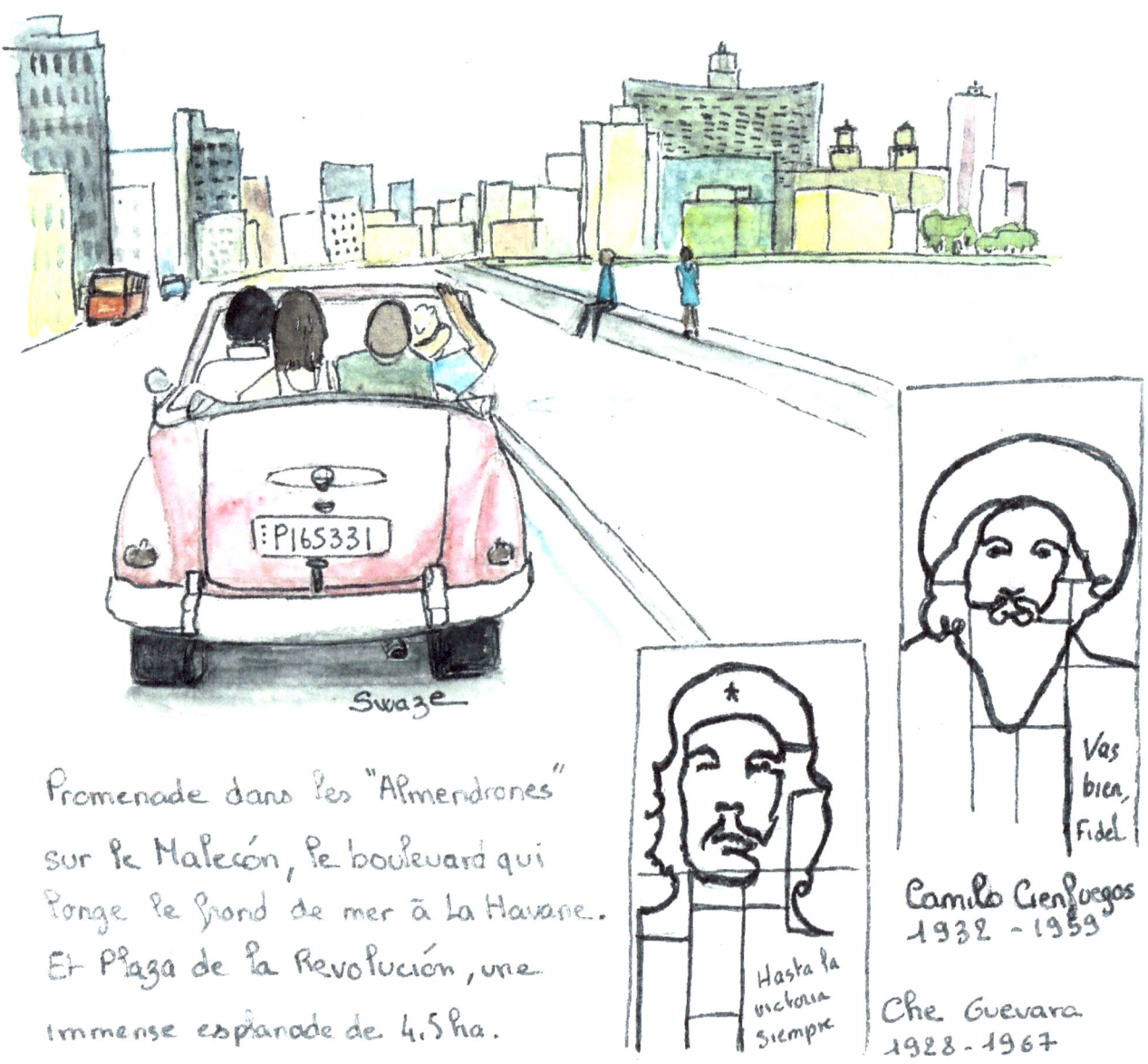

Promenade dans les "Almendrones" sur le Malecón, le boulevard qui longe le bord de mer à La Havane. Et Plaza de la Revolución, une immense esplanade de 4.5 ha.

Hasta la victoria siempre

Che Guevara
1928 - 1967

Vas bien, Fidel

Camilo Cienfuegos
1932 - 1959

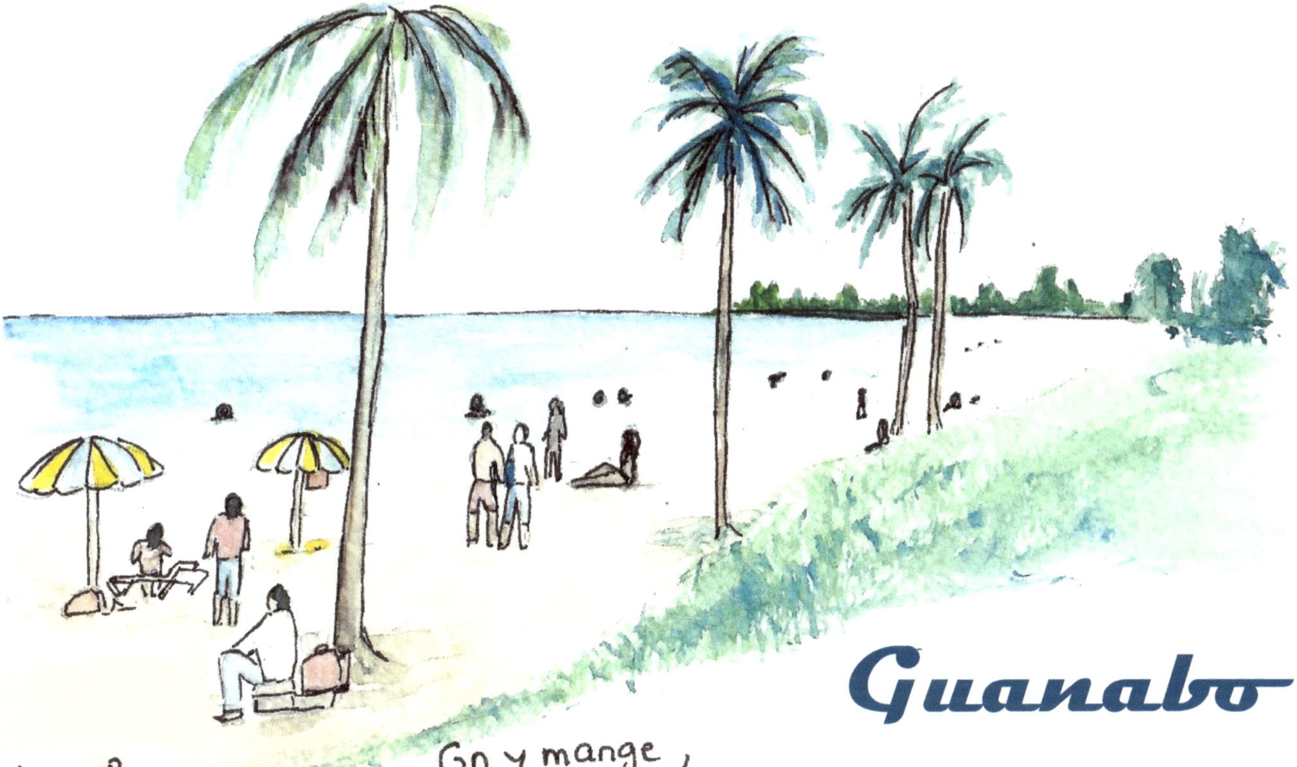

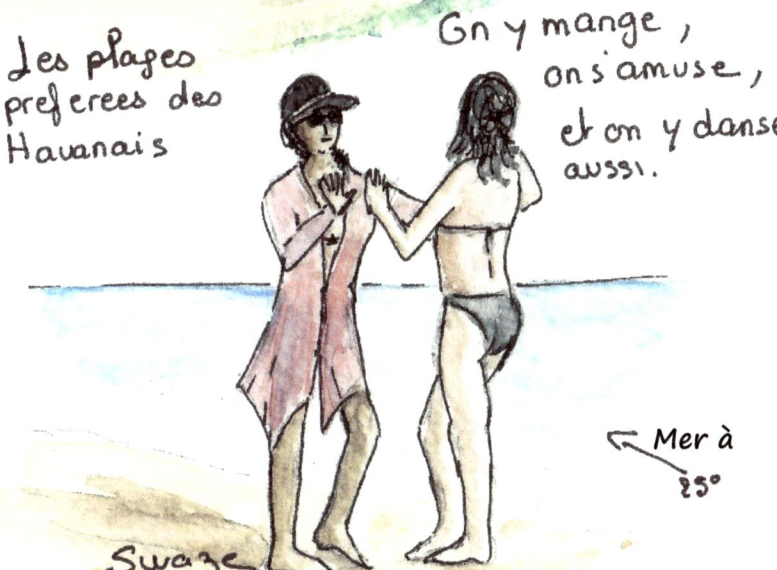

Les plages préférées des Havanais

On y mange, on s'amuse, et on y danse aussi.

← Mer à 25°

Swaze

Guanabo

A une quinzaine de kilomètres de La Havane, las playas del Este sont facilement accessibles par bus.

Une immense plage de sable blanc investie par les cubains dès les premiers jours de l'été.

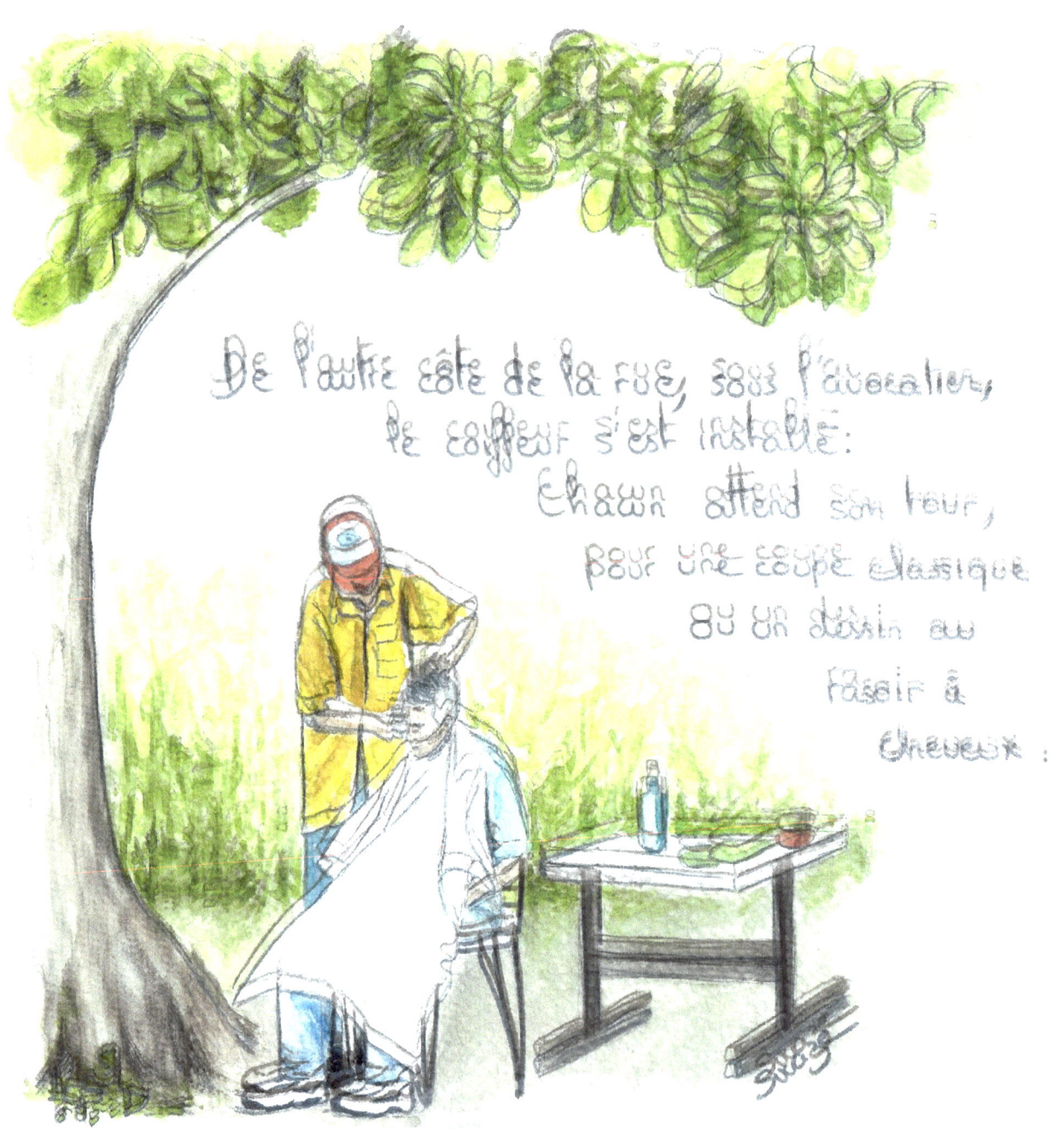

De l'autre côté de la rue, sous l'avocatier, le coiffeur s'est installé. Chacun attend son tour, pour une coupe classique ou un dessin ou rasoir à cheveux.

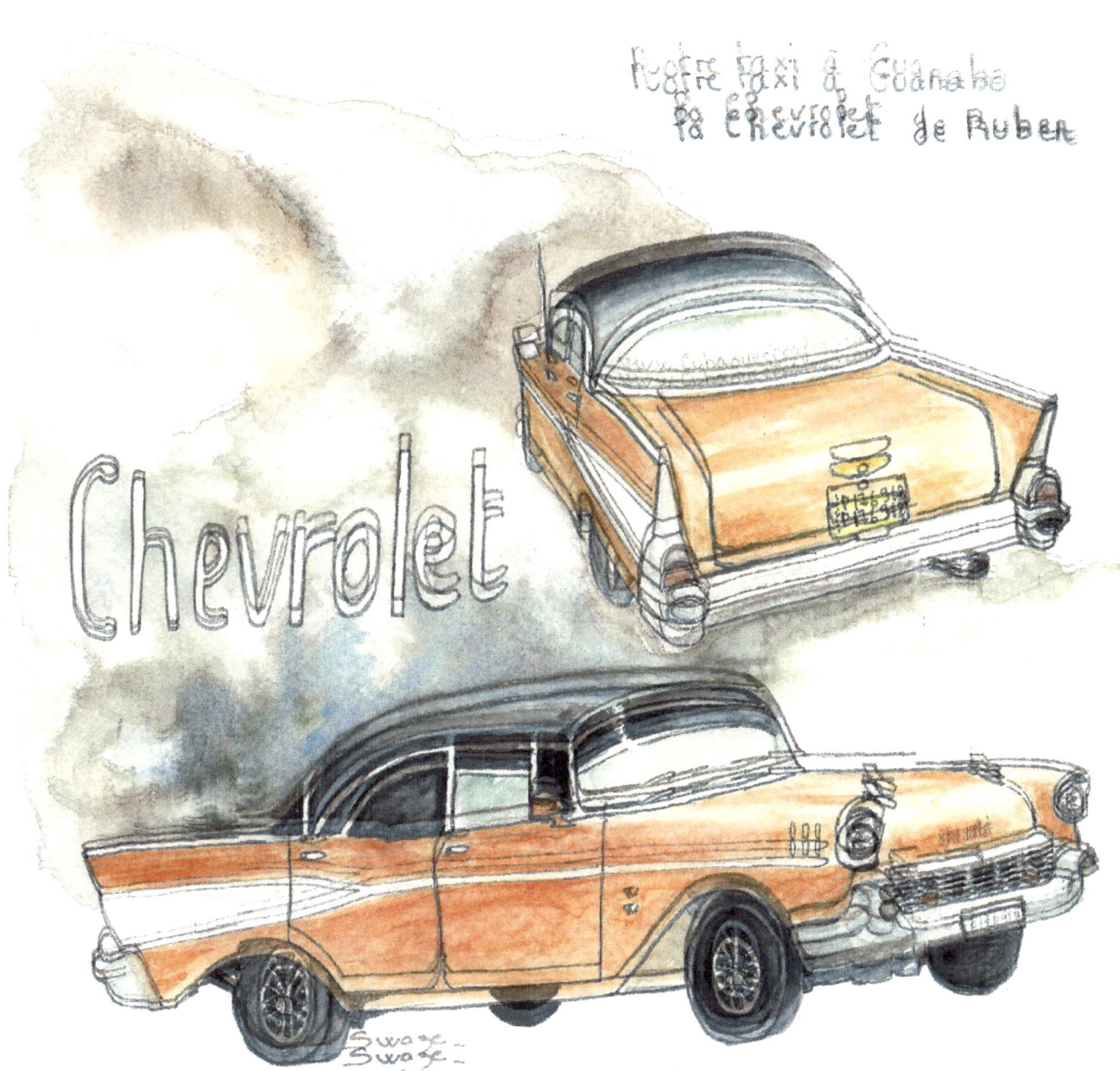

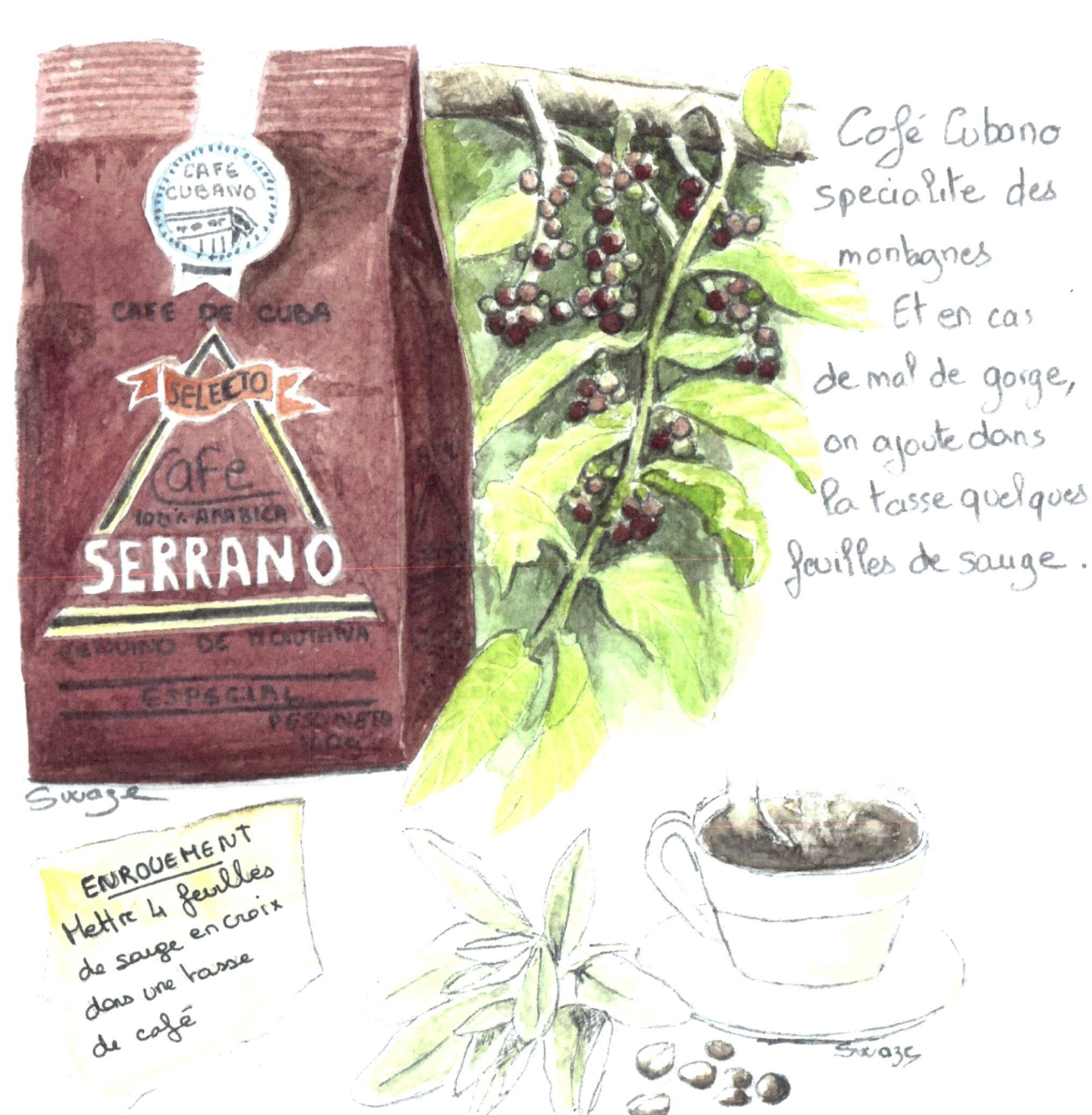

Café Cubano spécialité des montagnes. Et en cas de mal de gorge, on ajoute dans la tasse quelques feuilles de sauge.

ENROUEMENT
Mettre 4 feuilles de sauge en croix dans une tasse de café

Un dos tres ... y ...

Cambio! ... y ... uno mas ...

... Italiano! ... Dile que no la chica ...

Cambio! ... ahora ... un

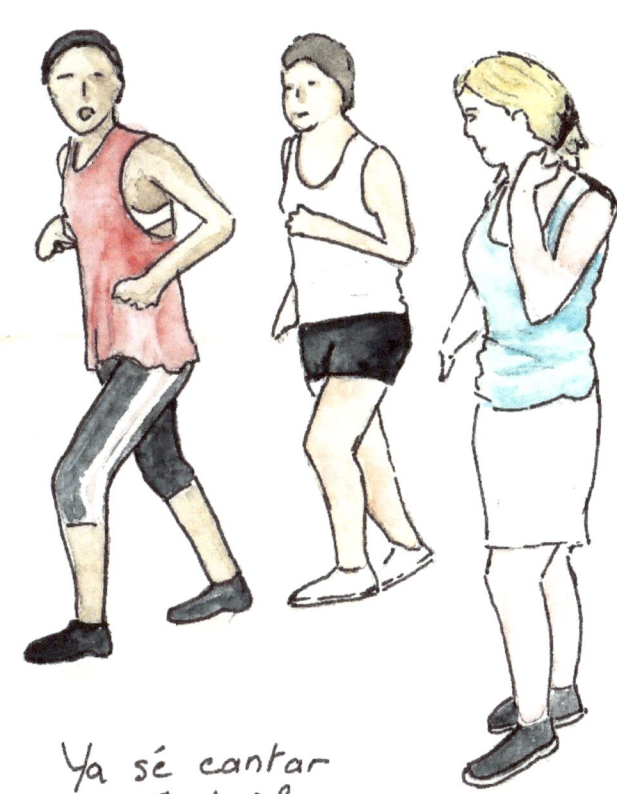

Ya sé cantar
Ya sé bailar
(Elito Revé)

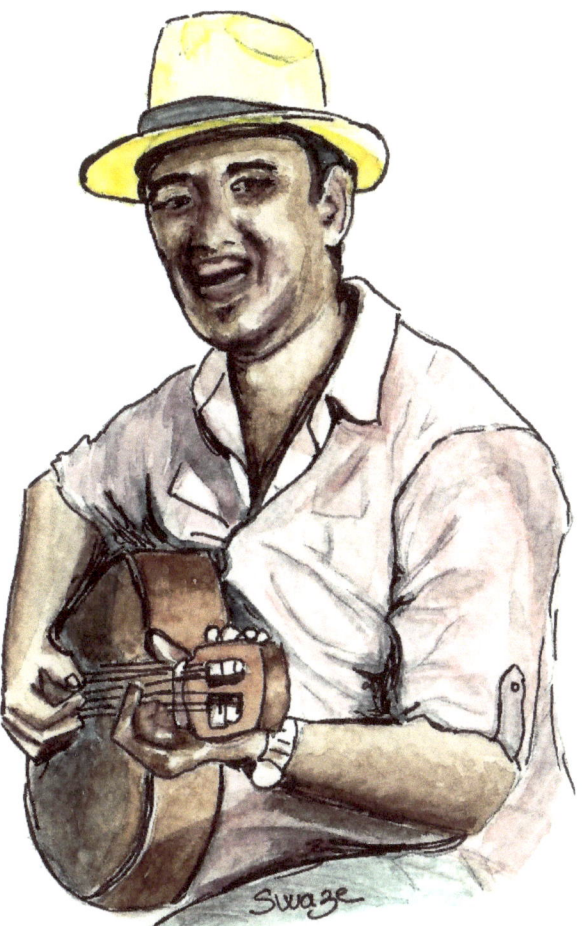

REMERCIEMENT

Merci à Ruben RODRIGUEZ-BULLAIN et à l'Association CUBA OUEST CLUB pour l'organisation de ce magnifique voyage à Cuba,

Merci aux familles Cubaines qui nous ont accueillis chez elles avec générosité et gentillesse.

Merci à tous les Cubains que nous avons rencontrés (chauffeurs, musiciens, chanteurs, guides, professeurs de danse ... tous ceux qui nous ont accompagnés lors de ce voyage et qui nous ont permis de mieux comprendre leur pays.

Merci à mes compagnons de voyage, pour leur bonne humeur, les moments de partage et aussi pour leurs photos qui ont contribué à alimenter mon inspiration.

Vous pouvez continuer à me suivre sur mon site www.swaze.fr
ou sur ma page Facebook Swaze artiste peintre
Ou sur le site swazeC.redbubble.com pour des reproductions de mes dessin

À DÉCOUVRIR AUSSI

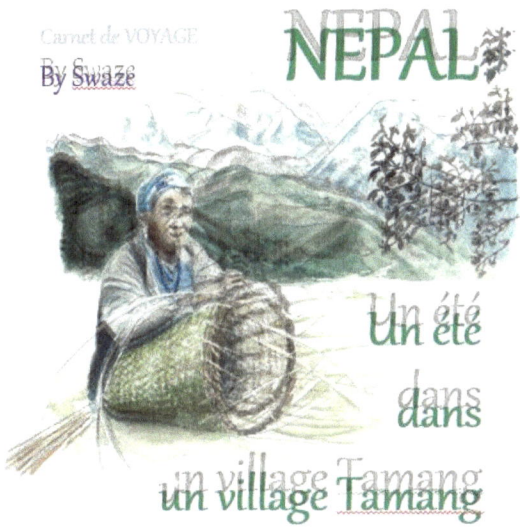

Un été dans un village Tamang – Swaze, juillet 2019

Une escapade de quelques semaines au Népal, dans un village perdu dans la moyenne montagne. L'aquarelliste Swaze vous fait découvrir le quotidien des Tamangs, une des etnies népalaises. Un retour aux sources, à une vie simple d'un autre temps et de belles rencontres.

A bientôt, pour de futurs partages !

Vous pouvez suivre mes créations sur mon site www.swaze.fr ou sur ma page Facebook Swaze, Artiste peintre

Ou sur swazeC.redbubble.com, où vous trouverez des reproductions de certaines aquarelles sur différents supports.

www.ingramcontent.com/pod-product-compliance
Lightning Source LLC
Chambersburg PA
CBHW051930210526
45473CB00006B/2199